U1004741

挥泪斩

HUI LEI ZHAN

悦读好故事系列丛书

蒋诗经◎著

安徽师范大学出版社
·芜湖·

图书在版编目(CIP)数据

挥泪斩/蒋诗经著. — 芜湖:安徽师范大学出版社,2017.3
(悦读好故事)
ISBN 978-7-5676-2730-7

Ⅰ.①挥… Ⅱ.①蒋… Ⅲ.①故事-作品集-中国-当代 Ⅳ.①I247.81

中国版本图书馆CIP数据核字(2016)第323230号

挥泪斩　　蒋诗经◎著

责任编辑:李克非
装帧设计:任　彤
出版发行:安徽师范大学出版社
芜湖市九华南路189号安徽师范大学花津校区
网　　址:http://www.ahnupress.com/
发 行 部:0553-3883578　5910327　5910310(传真)
印　　刷:浙江新华数码印务有限公司
版　　次:2017年3月第1版
2017年3月第1次印刷
规　　格:700 mm×1000 mm　1/16
印　　张:15.25
字　　数:232千
书　　号:ISBN 978-7-5676-2730-7
定　　价:35元

目　　录

第一辑　情感篇

乱世悲歌 ……003
争取要坐三年牢 ……019
迟到的女友 ……026
飞来横财 ……037
一张录取通知书 ……045
难缠的抢劫犯 ……049
父亲是个杀人犯 ……055
一罐可乐 ……061
爱惹祸的狗 ……066
月亮粑粑 ……070
寻找爱心大使 ……077
宝贝藏哪儿了 ……081

第二辑　现实篇

别拿生活当戏演 ……089

都是名字惹的祸 ……095
帮凶 ……103
烈火逃生 ……112
手镯风波 ……121
为谁庆功 ……127
逃犯 ……133
人在江湖 ……139
杨一手的困惑 ……148

第三辑　传奇篇

挥泪斩 ……155
恶之花 ……174
天启大爆炸 ……193
世外江湖 ……212
逆袭计划 ……217
蚩尤之死 ……225
七斤泪 ……232

第一辑

情感篇

乱世悲歌

一、兄妹分离

民国时期的上海曹家渡，鱼龙混杂，这儿有无数谋生的外地劳工，也是流氓青皮的聚集地。

这天，一对面黄肌瘦的兄妹俩来到了这里。哥哥名叫石头，约莫十五六岁，妹妹名叫小泥鳅，只有十一二岁。兄妹俩是从安徽老家逃荒来的。石头一路走一路问，要不要卖苦力的，可别人看着他消瘦的身板，都无一例外地摇了摇头。

前方的小饭馆里飘来一阵阵诱人的香气。小泥鳅走不动了，蹲在地上嘤嘤地哭。一路上，石头都哄着小泥鳅说，等到了上海，一定让她吃个饱。可是现在，他们露宿街头，已经两天粒米未进了。

石头也饿极了，可他更心疼妹妹。他不会忘了，父母临死的时候，他是怎么样含泪点头，答应要照顾好小泥鳅。

小泥鳅寻着饭馆的香气，可怜巴巴地看着里面。石头随着她的目光看去，眼睛突然一亮，他看见饭馆里有个衣着光鲜的客人，钱袋就随意地放在一边的桌角上。

石头把小泥鳅拉到了街角的另一边,让她等着,等他回来就带她上饭馆。小泥鳅含着泪,听话地点了点头。石头轻手轻脚地来到了小饭馆,溜到了客人的身后,上前一把抓住钱袋,转身就跑。

他不知道钱袋还有一根绳,系在客人的腰间。那客人反应迅速,一把抓住了石头瘦弱的胳膊,狠狠地骂了一句:“小赤佬,眼瞎了,敢偷老子的钱。”说罢,抬起脚,将石头踹倒在地。

石头挣扎着想要爬起来,皮鞋又踹在了他的头上。石头眼前金星乱冒。皮鞋一脚一脚地落下,石头遍地打滚,满身血迹,碰翻了桌椅。

一个白胖的包子滚落在地。石头看到了包子,忍着疼痛,伸手抓住了包子,白胖的包子上立刻留下了一个小小的血手印。石头努力地将包子往怀里塞,没舍得送到嘴里,他想把这个包子留给小泥鳅。

客人更加恼怒:“你还敢偷老子的包子!”上前一脚踩住了石头握着包子的手,用力地碾动。石头发出一声惨叫,眼泪流了下来。石头哭并不是因为手疼,而是心疼。那个本已肮脏无比的包子,虽然还在他的手心里,但已被碾得稀巴烂了。

这时,小饭馆里站起来一个戴着黑边眼镜的中年男子,走过来,低声喝了一声:“够了!”

客人看了看清瘦的中年男子,一声冷哼:“你算哪根葱,敢管大爷的事?”说罢,作势又抬起了脚,可惜他的脚才刚刚伸出,中年男子挥手就给了他一个清脆的耳光。

客人捂着脸,恼怒无比:“你,你敢打老子?”中年男人冷着脸,缓缓说道:“滚!”客人被中年男人的气势震住了,但还是心有不甘:“你是谁?是不是和这小赤佬是一伙的?有种留下名号,咱们走着瞧!”中年男人不疾不徐地说道:“我叫王九光。有什么事你可以冲着我来。”

客人脸色陡变，结结巴巴地说道："是九爷？对不住，有眼不识泰山。"九爷面无表情："你再不滚，我们这个梁子就算结下了。"那客人一听，转身就逃出了饭馆，连钱袋都来不及塞到腰里。

石头的泪痕还没有干。九爷示意老板拿来几个包子，塞给了石头。石头看见了包子，眼里立即放出了光，连谢谢都来不及说一句，转身向街角跑去。石头边跑边叫："小泥鳅，快，快来吃包子。"

石头跑到街角，哪儿还有小泥鳅的身影？小泥鳅不见了。

石头捂着包子，一路哭嚎，可根本无人应声，只有路人的观望。

石头再次遇见九爷时，天色已晚，石头还在声嘶力竭地叫唤。九爷走近了石头，叹了口气："你先跟着我，等明天我来帮你找。"就这样，石头跟在了九爷的身后。

上海太大了，后来九爷也没有找到小泥鳅，但收留了石头。

在上海滩，提起九爷，人们立马会想到斧头帮。没错，九爷正是斧头帮的帮主。别看九爷人长得瘦小，但却凶悍无比，而且爱打抱不平。斧头帮在上海滩声名赫赫，连三大流氓巨头也要让他们三分。

石头被九爷收留了之后，整天沉默不语，只有九爷让他干什么，他就干什么。九爷问："石头，你敢杀人吗？"石头懵懂地答道："九爷让我杀，我就敢杀。"

九爷笑了。

二、任务失败

转眼过去了十年，石头长成了一个壮实的小伙子，成了斧头帮的一个金牌杀手。石头除了杀人，就是寻找小泥鳅。

这天，九爷让石头去杀一个人。这个人颇有来头，叫玉无常，曾经是青帮杜月笙的得力干将。日本人来到了上海后,玉无常却借助日本人势力,自立山头当起了老大,离开了青帮。在上海滩,即使是流氓,也耻于当汉奸。杜月笙恼了,索性一不做二不休,找到了九爷,想请他出手做了玉无常。

按说青帮势力超过了斧头帮,但杜月笙怕玉无常在青帮还有心腹卧底,会走漏了风声,所以找到了九爷。九爷是上海滩一流的暗杀策划高手,而且他恨日本人,更恨汉奸。

九爷把这个任务交给了石头。如今的石头,不但心狠手辣,而且行动敏捷,没有失过一次手。

石头暗中观察了几天,发现玉无常防范非常严密,成天被保镖包围着。他的家中,常年有人守卫。要想成功刺杀,非常困难。终于,石头得到一个消息,玉无常在上海还有一个别墅,他的情人香玲就住在里面,每个星期玉无常都会去别墅住一夜。每次去的时候,最多只带两个保镖守在楼下。

夜已深,蛰伏在别墅外的石头戴上了面罩,轻手轻脚地翻过围墙。借着窗口微弱的灯光,他看到两个保镖正在打瞌睡。石头并不想惊动他们,他要杀的人是玉无常,不惊动保镖才是上上之策。

石头紧紧地抓住了别墅一角的墙缝,暗地使劲,悄无声息地爬到了二楼的阳台,轻推阳台上的门,门已经销住。一阵风吹过,窗户里的窗帘随风而动。石头暗叫一声侥幸,从窗户里悄悄潜入了卧室,不料刚落脚,却听见脚边一声脆响,一个矮凳应声倒地。

玉无常被响声惊醒,伸手扯亮了床头灯,并喝了一声:“谁?”

石头迅速掏枪直指床头。灯光下,蒙脸的石头将枪直直地抵在了玉无常的头上。玉无常很识相,颤声说道:“兄弟,别杀我。别人给你多少钱,我双倍给你。”石头冷哼了一声:“你的钱带到阴曹地府去用吧!”说罢,就要扣动扳机。

正在这时,玉无常的小情人香玲也被惊醒,抬起头见到眼前的一幕,吓得一声惊叫。那一刹那,石头心里着着实实地打了一个哆嗦。惊叫的香玲,不是别人,正是他寻找了多年的小泥鳅!

虽然小泥鳅已经出落成一个漂亮的大姑娘,但是她的眉眼依稀还有当年的模样。石头不会认错。香玲竟然就是小泥鳅!

石头握枪的手开始颤抖起来。楼下传来嘈杂的脚步声,两个保镖被惊动了。

石头脑中飞速地盘算着,双脚慢慢向窗边退去。卧室门打开了,一个保镖举枪冲了进来。石头一咬牙,放了一枪,保镖应声倒地。石头趁机翻窗,跃下了阳台,借着黑夜的掩护,逃离了现场。

石头的刺杀行动失败了。九爷的脸色布满了乌云,他不相信,石头会失手。

石头低着头,一句话也没有。但他心里清楚,如果当时就杀了玉无常,肯定不会失手,但小泥鳅将会看见无比血腥的一幕,那会不会吓着她?而且小泥鳅一个女孩,在上海滩凭什么立足?既然她是玉无常的情人,如果玉无常不死,至少还可以在上海保护小泥鳅。

这些想法,石头都没有告诉九爷,他不想让九爷生气。但九爷还是生气了,九爷让石头去南京避避风头,玉无常正发动上海滩的各种力量在寻找刺客的下落。

石头去了南京,但小泥鳅还在上海,他不想让妹妹和这些黑帮人物混在一起。他一定还要回来,要想办法将小泥鳅从玉无常的身边救走,远远地离开这个罪恶的上海滩。

三、大失所望

两个月后,石头接到了九爷的命令,让他立即重回上海。

石头去见九爷。九爷沉默了良久，哑声说道："石头，有一项任务，可能会死，我让你去，你去不去？"如果是从前，石头一定会毫不犹豫地点头，可是如今他知道小泥鳅还活在这个世上，不禁有些犹豫。

九爷看着石头吞吞吐吐的样子，长长地叹了一口气，充满了伤感。石头眼睛一红，跪在了九爷的面前："九爷，我死不足惜，但有一事相求。"九爷疑惑地看着石头。

"九爷，我找到我妹妹了。"

九爷"哦"了一声："这是好事啊，你只要把小泥鳅接回来，我一定待她如自己的孩子一样。"

石头哽咽着说："小泥鳅就是玉无常的情人香玲，这也是我为什么没杀玉无常的原因。现在玉无常肯定将小泥鳅转移到别的地方去了，我只求九爷帮忙，让我见小泥鳅一面，这样我就死而无憾了。"

九爷明白了石头上次的任务为什么会失败，他无奈地想了想说："好，我答应你。"

三天后，九爷在"乾天楼"宴请玉无常，点名要请他的情人香玲参加，说是来陪陪他新娶的小姨太田洁。

那时的上海滩，虽然帮派之间互有恩怨，但大佬之间都还保持着表面上的和气。

玉无常早就想笼络王九光，拉拢斧头帮亲日，这样他在日本人面前又可以邀功了。只是平时，上海滩的那些老顽固根本不给他机会，还故意和他作对。今天不知道怎么了，王九光竟然下帖请他赴宴，但这是个好机会。玉无常现在的实力已不可小觑，又有日本人做后盾，还没有人敢在明面上动他。

玉无常带着香玲欣然赴约，保镖一律在门外守候。九爷带着小姨太田洁和石头入席。香玲在看到石头的瞬间，愣了愣神，但那表情只是一瞬间，很快又恢复了平静。石头心里疑惑，难道事隔经年，小泥鳅已经不认识他了?

席间,九爷和玉无常说着一些江湖事。田洁向九爷撒着娇说,真无聊,想去逛街。九爷点了点头,让石头带两个女人去城隍庙逛逛,买点首饰,也算是个见面礼,他正好也和玉无常叙叙旧。

出了酒楼,石头直接来到了城隍庙的一间茶楼,找了个清雅的包厢。香玲不由得皱眉问田洁:“不是说好去逛街的吗,怎么又来这里喝茶?”田洁笑着指了指石头:“你不认识他吗?”

石头满怀期待地看着香玲,失散十年,兄妹相认的时刻终于到了。然而,香玲却上下打量着石头,摇了摇头说:“不认识!”

石头急了:“小泥鳅,我是你的哥哥石头啊! 十年前,我们从安徽讨饭来上海,后来我把你弄丢了,你怎么会把我忘了呢?”说罢,石头的眼里噙满了热泪,他多希望小泥鳅能扑进他的怀里叫他一声久违的“哥哥”。

香玲一声娇笑:“哎呀,真讨厌,小泥鳅这个名字难听死了。人家才不要叫这个名字呢,我叫香玲,根本没有要过饭,你认错人了。”说罢,还狠狠地白了石头一眼。

石头不相信,他上前一把抓住香玲的手臂,用力地摇晃着说:“小泥鳅,你看清楚,我是石头,我是你的哥哥,你看清楚!”

香玲皱着眉大叫起来:“你这人怎么这么粗鲁?”

田洁赶紧拉开了石头:“石头,你别这样,可能你真的认错人了。”石头茫然地松开了手,香玲气冲冲地走出了茶楼。

石头失了魂一样跟在香玲和田洁的身后,香玲旁若无人地逛着街,和田洁有说有笑,完全是豪门情人的作风。石头心想,难倒她真的不是小泥鳅?不会,石头坚信不会认错妹妹。可小泥鳅为什么不肯认他,难道是舍不得现在的生活?

四、扑朔迷离

最近九爷的心情一直不好。前不久,在石头避风的时候,九爷曾派人去庐山刺杀蒋介石,又失败了。

这一次,九爷让石头去刺杀的人是蒋介石的小舅子,就是当时的财政部长宋子文。九爷恨蒋介石,也恨宋子文。宋子文和日本驻华公使重光葵走得非常近,好像在配合着日本人的计划,要对中国进行经济改良。九爷坚定地认为,宋子文在变相卖国。

九爷已经探听到,宋子文将在明天的清晨和重光葵从南京一同到达上海。刺杀宋子文的机会只有在他们走出火车站出口以后,去往专车的那一段短暂的路程内。所以,混在人群中的杀手,不但要枪法精准,更要沉着冷静。

石头对这些声名赫赫的政界高官并没有什么感觉,他要做的事,就是杀人。他从九爷沉重的语气里听出,九爷对他寄予了厚望。石头坚定地点了点头:“九爷,您放心,不完成任务,我石头绝不撤退!”九爷满意地点了点头。

夜已深,石头躺在床上,无法入眠。石头并不怕死,他只是心有不甘,为什么香玲不承认她是小泥鳅?如果在死前无法和小泥鳅相认,这将是他终生的遗憾。

蓦地,门外传来一阵轻轻的敲门之声。石头警觉地问道:“谁?”屋外传来女声的轻声回答:“是我,香玲。”

石头心中一震,香玲这么晚来干什么?石头打开房门,香玲正在门外,她看了看四周,侧身进了门,然后立即关上了房门。石头还没有反应过来,香玲已经扑在了他的怀里,凄哑地叫了一声:“哥!我是小泥鳅。”

石头捧起小泥鳅的脸,心疼地抹去她脸上的泪水,自己的眼泪却不断地滴落:“小泥鳅,你真的是小泥鳅! 可是……那天你为什么不和我相认?”

小泥鳅抬起泪眼:“哥,那天我不能和你相认,我不能让任何人知道我们的关系,我会连累你的,你先听我告诉你原因。”

当年,在石头挨打的时候,躲在街角的小泥鳅被一个人捡走了。收养小泥鳅的人叫田中隆吉。田中也是驻华公使,他收养小泥鳅,并不是善心大发,而是要利用小泥鳅中国人的身份,打入中国人的内部,为日本人服务。田中将小泥鳅改名叫香玲,于是香玲就成了一个日本间谍。两年前,在田中的授意下,香玲故意接近玉无常,成了玉无常的情人。田中一方面让香玲暗中监督玉无常,看看他和日本人合作的忠心,一方面让香玲利用玉无常在上海的帮派资源,打探情报。

石头惊呆了。小泥鳅的身上竟然藏着这么多秘密。小泥鳅看着石头说道:“哥,你还记得你在行刺玉无常的时候,说过一句话吗?”石头点头,他当时以为玉无常必死无疑,所以根本没有什么顾忌。不料,小泥鳅的现身,硬生生让他终止了刺杀。

那天在城隍庙,小泥鳅听出了石头的口音就是那个杀手,所以当时就更坚定地拒绝了和石头相认。她知道,目前她和哥哥都只是别人手里的一粒棋子,在没有摆脱控制之前,绝对不能相认。不管谁的身份暴露,都会成为对方势力追杀的对象。

小泥鳅真的长大了,心思如此缜密。

石头还有一个疑问:“可今天你为什么要来和我相认?”小泥鳅突然又流泪了:“哥,明天早上的刺杀行动,你可不可以不要去?”石头心中一惊,小泥鳅怎么会知道斧头帮内这么绝密的任务?

小泥鳅见石头一脸的疑惑,说道:“哥,日本人最近已经买通了你们斧头帮的内部人员,得知了许多情报。包括刺杀玉无常和蒋介石的事,也都是九爷的主意。但他们为什么秘而不宣,因为他们有更大的阴谋,正好要利用你。”

石头皱眉看着一脸焦急的小泥鳅说道：“妹妹，你就不要管江湖上这些打打杀杀的事了。等我完成这次任务，就带你离开上海，离开这些是非。”

小泥鳅哭丧着脸：“哥，日本人已经指使玉无常明天也派出杀手，在你们刺杀宋子文的时候，同时刺杀同行的重光葵。等刺杀完成，日本人就会嫁祸给你们斧头帮。”

“不可能，重光葵也是日本的驻华公使，日本人怎么可能会杀自己人？”石头越听越糊涂。

小泥鳅急得直跺脚，不得不和石头细说起来。

日本人想侵略中国，这一点毋庸置疑，但在手段上，也分为两派。一派主张以经济渗透方式巩固扩大在华权益和影响，然后再控制中国政府，完成侵略。重光葵就属于这种保守派。还有一派主张寻找事端，发动全面战争，一举将中国政府打垮，占领中国。这一派，以田中为代表，是激进派。这一次的行动，就是激进派的田中指使玉无常去刺杀保守派的重光葵，再嫁祸斧头帮。然后日本就以中国人刺杀日本驻华公使为理由，全面发动侵略战争。

石头简直不敢相信这一切是真的：“这么说，明天过后，日本人就会发动战争？”

小泥鳅点了点头：“哥，我冒死来找你，是因为这一次的暗杀，日本人和玉无常都已做了严密的安排，只有你们还蒙在鼓里，我不能眼睁睁地看着你去送死。我已经想好了，明天你不要去火车站，躲起来，等到了明天晚上，我们就一道逃离上海，离开这个是非之地。”

石头沉默了。

小泥鳅看了看窗外：“哥，我已经偷偷找到离开上海的船，但要等到明晚才来。我今晚还必须回去，不能被日本人发现，记住，明天晚上十点，我会在三泰码头等你，不见不散。”说完，小泥鳅就转身离开了。

五、将错就错

石头知道，这次刺杀，九爷派出的绝对不止他这一路杀手，即使石头不去，计划仍然会照常进行，虽然石头是九爷最倚重的金牌杀手。而且，九爷是石头的恩人，难道真的如小泥鳅所说，临阵脱逃？可又能改变什么？

想到这里，石头披衣而起，趁着茫茫的夜色，向九爷的住处狂奔而去，他要去找九爷，不论如何，他都要把这一切告诉九爷，让九爷作出决断。

上海的凌晨，告别了夜的喧嚣，陷入了死寂，一路昏暗的路灯，拉长了石头奔跑的身影。九爷的屋外一片漆黑，石头这才想起，九爷昨天已经出门去了外地，这是他洗脱刺杀嫌疑最简单的方法。

联系不上九爷，可刺杀行动已箭在弦上。

东方渐吐鱼肚白，时间已经不允许石头做太多的思考。即使石头找到了九爷，也无法阻止这一场刺杀了。各路杀手已经各就各位，这么短的时间内，根本无法通知他们撤出行动，何况半路还杀出一个玉无常。

如今，石头面临的是一个两难的选择。要么立即逃走，辜负九爷。要么破釜沉舟，将刺杀进行到底。可是不管石头如何选择，对九爷来说都是失败。从此，九爷将会背起一个千古的罪名，这也会成为日本发动战争的事端，整个上海，整个中国，都将陷入战火之中。

天色渐亮，火车站前开始有了奔忙的人影，慢慢汇聚成人流，又开始了嘈杂和忙乱的一天。车站广场上的大钟渐渐指向了七点，一列火车像钢铁怪兽一样鸣叫着，准备进站。

石头沿着铁轨在狂奔，仿佛要追上这只奔跑的怪兽，但他看上去却是那么弱小，那么无力。

不远的前方，是上海北站。火车放慢了速度，喘着粗气驶进了站台。而石头却加快了奔跑的步伐，虽然他的力量是那么渺小，但他在心中已经做好了最后的决定。

火车停稳，陆续有人下车。石头气喘吁吁地赶到了火车站的出口处。他放眼望去，满眼的人群，这样的人群里，纵是藏着一百个杀手，也难以一时区分出来。

火车站的贵宾通道出口处，几个穿着西装的人，正谈笑风生地走来。没错，来的人正是宋子文和重光葵一行，他们已经快走到了出口。只是现在还没有到达手枪的有效射程之内。

石头没有一丝再犹豫，他也没有时间再去犹豫。他掏出了手枪，冲着宋子文一行人，一声大喝。宋子文几个人同时停住了脚步。石头手中枪声猛然响起，但枪口却指向了无人的上空。

枪声响起，保镖们立刻将宋子文和重光葵围在中间，向火车站内退去。

火车站外的人群里，突然有人冲将过来，冲向了宋子文一行人。枪声又起，乱成一片。有保镖们的回击，也有从不同方向打来的乱枪。有两个保镖应声倒地。

这是一场混战，这些枪声里，有九爷安排的另几路杀手，也有玉无常安排的杀手，还有保镖们的还击。

火车站前的人群听见了密集的枪声，瞬时乱成一团，哭喊声，叫嚷声混成一片。

一枚烟雾弹燃烧起来，这是杀手们要趁乱撤退的信号。借着烟雾的掩护，杀手们都将离去。石头终于长吁了一口气，宋子文和重光葵都没有被击中。也许，这才是最好的结局。

石头转头也准备混入人群，逃离现场。而正在这时，一个身影正趁着烟雾，向火车站的入口冲去。那人的手里，是一枚拉着了引线的手榴弹！宋子文的保镖们全都守在火车站的出口处，他们看上去已经安全了。可这身影是一个拼命的杀手，他肯定是想冲过去，将手榴弹扔进火车站，炸死所有的人,包括行刺的对象。

这是一个聪明的杀手,也是一个甘于冒险的杀手,他这一搏,是同归于尽。石头此时已无法分清这个杀手是敌是友,实际的情况也根本容不下他再考虑,如果这个杀手成功了,那么所有的努力都将成为泡影,接下来,中国就会陷入战争的深渊。

石头举起了枪,一声枪响,那个杀手在烟雾中缓缓倒了下去,那个杀手无论如何也想不到,射向他的子弹会发自掩护他的身后。只有石头的决绝的眼里,闪过一丝悲怆和无奈。

一声爆响,手榴弹在火车站前,在石头的身边爆炸了……石头感觉到腿边一热,他一低头,看见有温热的血顺着裤管流了下来。一枚手榴弹片嵌在石头的大腿上,稍微延迟的疼痛如约而来,石头的头上疼出了冷汗。

无数的警笛声响起,警察来了。石头挣扎着起身,想趁着未散的烟雾逃走。可是太迟了。一个年轻的警察已经追到了石头的身边。

石头无奈地闭上了眼,他并不觉得后悔,为了九爷,值。只是,他还是有些遗憾,恐怕不能和小泥鳅一同离开上海滩了。

年轻的警察脸上还有一丝未脱的稚气,不知为何他捡起一包被人丢失的行李,扔向了石头,悄声地说:“我不想抓刺杀日本人的英雄,你快跑吧,要不然等我们的人都来了,你可就真的跑不掉了。”

石头有些惭愧,他哪里是刺杀日本人,他分明是保护了一个日本人。但石头此时也顾不上想太多,他感激地看了那小警察一眼,背起行李,一瘸一拐地逃离了火车站。

六、悲情兄妹

天色尽黑,三泰码头边,小泥鳅正焦急地等待着石头的出现。

终于,石头从一个小巷口歪斜着走来,小泥鳅疾步上前搀扶住石头,关切地问:“哥,你怎么受伤了?”

石头故作轻松地笑了笑:“没事,只是一点皮外伤。”

小泥鳅不由得埋怨起来:“今天的消息我听到了,你怎么不听我的劝告?你要是出事了,谁来照顾我?”

石头还是笑:“小泥鳅,我不能对不起九爷,这是我该还给他的。”

江边起风了,一条小船靠向了岸边,船夫对着岸上叫道:“谁要的船?去安徽的。”

小泥鳅应了一声,扶着石头向江边走去,突然身后传来一声冷冷的声音:“站住!”

石头和小泥鳅同时回头,只见身后一个黑影。黑影的手里拿着一把手枪,指着小泥鳅。黑影冷笑着说:“香玲小姐,你这是去哪儿呢?玉老大没猜错,果然是你泄了密,让刺杀失败了,玉老大被日本人骂得狗血喷头,你以为你能逃得掉吗?”

小泥鳅并不慌张,反而娇笑了起来。黑影不由一愣,以为小泥鳅想解释。可是小泥鳅却趁此机会,猛地推开了石头,扑向了黑影。石头有伤,站立不稳,跌倒在一边。

黑暗中,响起的枪声格外震耳。船夫受了惊吓,迅速将江边的小船划离了岸边,向江心划去。小泥鳅两条腿已经瘫软,但她还是死死地抱住了黑影。黑影奋力想摆脱,连续地扣动了扳机。摔倒在地的石头此时也掏出手枪,射向了黑影。黑影头部中枪,慢慢地倒了下去。

黑影已死,石头将枪扔在一边,抱起了血泊中的小泥鳅:“小泥鳅,小泥鳅,哥哥在这里,我这就送你去医院。”

血泊中的小泥鳅凄楚地笑了笑:“哥哥,不用了,你快离开这儿。我早该想到,刺杀失败,玉无常和日本人都不会放过我的……哥哥,我累了……这辈子,还能和你见面,就是上天对我最大的恩赐了……”

小泥鳅在石头的怀里睡了过去。只是,这一睡,她再也不会醒来了。

七天之后,一个满脸胡茬的跛腿男人出现在了曹家渡。

他就是石头,石头安葬了小泥鳅,守了七天的灵,腿伤虽未愈,但行动已无碍。他想回斧头帮找九爷帮忙,他要为小泥鳅报仇。石头走在曹家渡的街边,没有一个人认识他,他现在的模样和一个乞丐无异。也正因为如此,他在无意中听到了一个消息。斧头帮正在悬赏石头,格杀勿论,因为石头叛变了九爷,成了一个汉奸。

石头心中无限悲凉,他苦苦寻找了十年的妹妹死了,他唯一敬仰的九爷误会了他。斧头帮是回不去了,九爷会相信他的解释吗?这个让他成长的上海滩,如今却成了他的噩梦。

石头流浪在街头,无家可归。他的心中如今涌动的只有恨,他恨日本人,如果没有日本人,这一切本来不该是这样的结局。他恨玉无常赶尽杀绝,在小泥鳅离幸福只有一步之遥的时候杀害了她。

石头的心中,比十年前的那个在曹家渡挨打,寻找妹妹的少年更无助,更绝望。也许,是一切都应该结束的时候了。

几天之后,斧头帮里出了一件大事,仓库被盗。这是斧头帮的一个秘密仓库,里面放着购买的各种武器,如果不是斧头帮的骨干成员,是不可能知道这个仓库的。这样的仓库被盗,对于斧头帮来说,着实凶险。但幸运的是,这一次所盗物品并不多,而且窃贼还留下了一封信。信封上端正地写着:九爷收。

九爷看完了信,脸沉得像一潭死水。信是石头留下的,东西也是石头偷走的。信中所说,是真是假,九爷并不敢肯定。但石头在信的末尾写道:九爷,如果一个人用死来证明他没有说谎,用死来完成你曾交给他的任务,你还会怀疑吗?

8月的上海,格外炎热。上海流氓玉无常在去拜见驻华大使田中的途中，被一个跛腿乞丐拦下。玉无常不愿纠缠，让手下给些零钱，就要离去，不料跛腿乞丐却死死地抓紧了玉无常的车窗，引爆了身上的几颗手榴弹，玉无常一命归天，乞丐也死于非命。

随后，斧头帮帮主王九光不顾上海政府方面的反对，公然抢走乞丐尸体。而且竟然公开承认，那乞丐生是斧头帮的人，死是斧头帮的鬼。据说，那个死去的乞丐是王九光的小老乡，人人都叫他石头。

乞丐杀汉奸的传奇，在那一年，成为不知情的上海人们茶余饭后的谈资，也唤醒了人们心中的反抗激情。

不久后，王九光不但成了民国政府花百万大洋通缉的刺杀要犯，也成了日本人的眼中钉，肉中刺。而王九光带领斧头帮的抗日行动，也渐渐从隐蔽走向公开。

七、后记

这个故事发生在1931年8月之前，死去的石头以为阻止了一场战争，并挽回了王九光的清誉。只是他永远也不会知道，日本的激进派，后来终于费尽心机地找到了理由，同年发动了“九·一八事变”。

六年后，抗日战争全面打响。

争取要坐三年牢

一、入狱

“从门到窗子是十三步，从窗子到门还是十三步”。这已经是现代的号房了，空间大了许多。没事的时候，阿呆就从这头踱到那头，又从那头踱到这头，来来回回，晃得大头眼都发花。

大头是号房里的号长。大头的头大，拳头也不小，如果有人不服，大头就会让他尝尝拳头的滋味。大头看着不停晃动的阿呆，大喝一声：“阿呆，老实交代，你是怎么进来的?”阿呆停下了脚步，诚惶诚恐地说：“我只是在路上捡了一根绳子，就被抓了进来。”大头猛地瞪起双眼：“胡说，捡一根绳子怎么会被抓进来?”阿呆哭丧着脸回答到：“我回家以后，才发现绳子的那头，还拴着一头牛!”

大头很满意地哈哈大笑起来。刚才的那个片段，是大头给阿呆量身定做的一个小品。大头无聊的时候，就会和阿呆演一遍。

说起阿呆的犯罪过程，简直能让人笑掉大牙。那天，阿呆正在车站边徘徊，阿呆说他当时正准备抢劫一家小超市，可就在这时候，他听见有人大喊：

“抓小偷!”这本来不关阿呆什么事,也不关其他人什么事,所以当时在追小偷的只有一个胖子,就是失主。

如果当时阿呆继续实施他的抢劫计划,说不定可以成功,但阿呆却开始撒丫子追起小偷来。阿呆看上去呆,但动作很敏捷,他很快超过了胖子,越来越逼近小偷。小偷慌不择路,跑进了一个死胡同。

阿呆将小偷堵在死胡同里,冲上去就是一顿暴打,直打得小偷鼻青脸肿,双手高举钱包求饶。阿呆拿过钱包,向胡同外走去。走出胡同口的时候,阿呆和胖子失主打了个照面,阿呆指了指躺在地上的小偷说:“人在里面呢!”说完,阿呆就走了。

胖子将小偷扭送到了派出所,要追回丢失的钱包。可小偷的钱包却已被阿呆拿走了。就这样,阿呆还没回到家,就被随后而来的警察也请进了派出所。警察问阿呆:“你拿走钱包的时候,小偷同意了吗?”阿呆得意地看了一眼警察说:“要不是我将那小偷打得臭死,他愿意把钱包给我?那可是他冒着风险偷来的。”警察又无奈地问了一句:“这么说,钱包是你从小偷手里抢走的?”阿呆肯定地点了点头。

就这样,那个小偷只被拘留了七天,而阿呆却因为涉嫌抢劫被关进了看守所。

大头是个“二进宫”,懂一些法律皮毛,他给阿呆的罪量了刑,三年半。抢劫罪三年起判,但阿呆在实施抢劫的时候使用了暴力,伤害了那个小偷,所以大头私自给阿呆又加了半年。

阿呆听完后,呵呵一乐,仿佛要被判刑的不是他,而是别人。用阿呆自己的话说,去哪儿不是待着?

阿呆为什么会这样?话要说回到两年前,有一天阿呆带着他五岁的儿子出去玩,儿子太顽皮不听话,阿呆就吓唬他说:“你要是再不听话,我就把你卖给别人。”儿子吓坏了。过了一会儿,阿呆去上厕所,让儿子在门口等他，可是等阿呆出来，哪里还有儿子的身影。自从儿子弄丢后阿呆发了疯似的找儿子，可却没有一点儿子的音讯。一年多后，警方破获了一起贩卖人口案。阿呆的儿子终于被找了回来。但儿子回来之后，却变得非常自闭，什么话都不说。只要一见到阿呆就歇斯底里地哭，在他幼小的心里，一直认为是爸爸将他卖给人贩子的。从儿子失踪的那天起，妻子就对阿呆颇多怨言，现在为了儿子的成长，妻子毅然地带着儿子离开了阿呆。家破人散，所以阿呆自暴自弃，选择了犯罪这条路。

阿呆问大头："判了三年半，应该可以送到监狱大队里去了吧？"在当地看守所，有个不成文的规矩，只有达到三年刑期，才会被送到监狱大队改造。如果不满三年，一般都会留在看守所的劳动监舍，在当地接受改造。

大头很得意地说："那是。监狱比看守所的伙食好多了，天天都有红烧肉吃。"阿呆听完，很开心地笑了。

二、自杀

没过多久，大头和阿呆的判决都下来了。大头因为聚众斗殴，被判了两年半。凑巧的是，阿呆也是两年半。阿呆的犯罪本属于冲动型犯罪，他的本意是想抓住小偷，制止犯罪，后来见财起意，才演变成了抢劫，所以从轻判处。

阿呆拿到判决书后，愁眉苦脸地问大头："不是说好了判三年半吗？怎么少了一年？"

大头也觉得这个判决扫了自己面子，但又说不出个所以然来。就骂阿呆："你傻啊！别人判得越轻越高兴，你倒好，判轻了还不愿意。你是不是有病？"

阿呆撇了撇嘴："监狱大队有红烧肉呢！"

大头用手摸了摸阿呆的额头，没发热。大头背过身去，没再理阿呆。阿呆不由得有些失落，一个人蹲在墙角发起呆来。到了半夜，大头突然像想起什么似的，轻轻叫醒了阿呆说："你是不是真的想去监狱，加刑也愿意？"

阿呆瞪着眼看着大头半晌，然后肯定地点了点头。大头附在阿呆的耳边说："我有一个两全其美的好办法，你自杀吧！"阿呆傻眼了："我只想去吃红烧肉，没想过要死。"大头得意地说："这你就不懂了吧，在这里自杀也是要加刑的。不如你去自杀，我来救你，你加刑，我救你立功减刑，你看怎么样？"

大头这么一说，阿呆犹豫了，他想了想说："行，不过你要把你那双新皮鞋送给我。"大头立马点头不已，虽然那是一双名牌皮鞋。

半夜里，大头和阿呆偷偷地撕烂了床单，在彻夜不眠的狱灯下搓成一股绳。弄好一切，天边已泛白，整个号房的犯人还在睡梦中。

大头和阿呆搭起了人梯，将绳子拴在高高的狱窗上，然后阿呆把脖子伸进了绳套。大头轻声地问："准备好了吗？"阿呆回应说好了。大头猛地一矮身，阿呆整个人就被吊在了铁窗之上。阿呆的四肢不由得开始抽搐起来，咽喉里不停地发出"咝咝"声。大头没有立即救阿呆，而是来到了大铁门前，"咣咣"地用脚踩起了铁门，并歇斯底里地大声喊道："报告干部，有人自杀了！"

不一会儿，当值的狱警带着站岗的武警冲进了号房。这时，大头才手忙脚乱地将阿呆从铁窗上解救了下来。阿呆已经昏迷了过去，等众人七手八脚地把他救醒过来，他已经从鬼门关走了一趟。

没过多久，阿呆如愿以偿地加了半年刑。同样加了半年刑的还有大头。大头哭丧着脸叫冤，救人不算立功也就罢了，怎么也加了半年刑。虽然阿呆承认是自杀，但狱警却洞察秋毫，凭阿呆一个人的力量，怎么也爬不上三米多高的铁窗，肯定有人帮助阿呆自杀，那个人只有大头！

事后，大头责怪阿呆口风不紧，阿呆却直勾勾看着大头说："把你的皮鞋给我！"大头无奈，只好把皮鞋给了阿呆。

大头和阿呆一道被送到了监狱大队，分到了同一个监区。第二天，管教干部就找到了大头，交给了大头一个秘密的任务。因为档案里说阿呆曾企图自杀，怕他会再想不开，管教干部决定派大头时刻注意他的动向，一旦有什么不对劲的地方，要立即汇报。如果大头能完成这一项任务，将会考虑将大头加上的那半年刑期减去。

大头一听，心里暗笑，那个阿呆哪里是想自杀，他是想红烧肉呢。于是大头忙不迭地发誓，保证完成任务。没过几天，大头发现阿呆最大的爱好竟然不是红烧肉，而是每天收工后，在各个监区闲逛，然后站在各个监区的值日名单前面发呆，每天如此，从不间断。大头实在想不出阿呆在搞什么名堂，只能认为，阿呆确实是个呆子。

这天，阿呆穿着一双破旧的运动鞋出去了。大头突然想起，阿呆还从来没有穿过那双新皮鞋呢，他把皮鞋藏哪儿去了？趁着阿呆不在，大头偷偷地从阿呆的床下找出了那双皮鞋。大头拿起皮鞋看了看，发现有一只皮鞋已经裂底了，那可是一双新皮鞋！怎么会这样？大头撑开那个裂口，看看究竟是怎么回事。他这才发现，鞋底下藏着一柄自制的小刀！

抽出那柄小刀，大头明白了，一般皮鞋下的足弓处都有一根扁扁的钢条。阿呆就是把那根钢条制成了小刀，这可要花费不少工夫。大头实在想不出，表面傻傻的阿呆，会有这么缜密的心思，竟然背着他把钢条磨成了刀。阿呆想用这把刀做什么？难不成真的想要自杀？大头偷偷地把小刀放入鞋内，再将鞋原样放回。

自从发现了那把小刀之后，大头总觉得阿呆和他当初想象的并不一样，以前看阿呆发呆，觉得是真呆，现在却觉得他好像心事重重。只是大头弄不明白，这一切到底是为了什么。

大头决定套出阿呆的真心话。大头把家里人刚给他带来的水果全部给了阿呆，阿呆吃惊地看着大头。大头长叹了一口气说："阿呆，你和我说说，上吊痛苦吗？"阿呆抬起头想了想说："刚开始的时候挺痛苦，过了一会儿，就有了一种飞的感觉，然后就什么都不知道了。”大头点了点头，愁眉苦脸地说：“我老婆要和我离婚。我不想活了，上次我帮了你，这次你也帮我想个办法，好不好？”大头想让阿呆主动拿出那把小刀，这样他就可以顺藤摸瓜，问清楚原因了。

阿呆怔怔地看着大头，淡淡地说了句：“你趁没开饭的时候，去饭堂上吊，肯定没人知道。”说罢，阿呆拿起一个苹果，没心没肺地啃了起来。

大头被噎得直翻白眼，只在心里可惜了那一大袋水果。

三、复仇

过了将近一个月，阿呆突然拿出一把钥匙对大头说：“大头，这是我箱子的钥匙，里面有我的购物卡和食品，你帮我保管一下。”阿呆交完钥匙就出去了。这一次，大头细心地发现，阿呆是穿着那双裂底的皮鞋出去的，大头偷偷地跟在阿呆身后。阿呆慢慢地逛到了另一个监区的死角处，四处看了看，猫腰躲在了一处花台的灌木下。

大头不敢声张，躲在墙角，密切地注视着阿呆。正在这时，前面有几个人说说笑笑地从花台前走过，只见阿呆悄悄地起身，手握那柄小刀，目露凶光，向那几个人靠了过去。大头心想：坏了，阿呆不是想自杀，阿呆是想杀人！

大头不敢再犹豫，猛地大喊了一声：“阿呆！”阿呆一怔，那几个人也回过头来看向阿呆。阿呆迅速地收起了小刀，转过身，背着那几人向大头走来。

回到监舍，阿呆的脸阴沉得像另一个人。大头无奈地说：“阿呆，你能把钥匙交给我，就证明你还把我当朋友。你告诉我，这一切到底是怎么回事？”阿呆沉默了半天，转身从床下拿出几张纸，交给了大头。那是一份判决书，但不是阿呆本人的，而是关于一个人贩子的判决书。判决书上，人贩子的名字被红笔画了一个大大的叉。

大头终于明白了这一切是怎么一回事。阿呆落到这步田地，他将这一切罪责归咎给了人贩子，他恨不得能将那个人贩子碎尸万段，可那个人贩子最后只判了五年。自暴自弃的阿呆决定铤而走险，他要找到那个人贩子报仇，于是阿呆开始计划抢劫超市，不料却遇上了一个小偷，于是他将错就错。阿呆历尽波折，甚至装孬卖傻，终于在监狱里找到了人贩子的下落。眼看计划就要成功，却被大头破坏了。

大头震惊了："可是，如果你杀了那个人贩子，你想过你自己的将来吗？"

阿呆冷哼了一声："我这样的人还有将来吗？我既然进来了，就没想过再出去。现在我告诉你这一切，希望你不要再跟着我了。如果你报告给管教干部，你就不再是朋友，而和那个人贩子一样，将是我的仇人！"

大头傻了眼，不知道该如何是好。半夜里，大头还是决定出卖阿呆，如实向管教干部汇报。这一次，减半年刑应该没有问题了。

大头开始提心吊胆地观察着阿呆，好在阿呆这几天一直没什么行动。

这天，突然有人来通知阿呆，说是管教干部找他。阿呆出门的时候，凶狠地瞪了一眼大头。大头不寒而栗，只好无辜地耸了耸肩。

阿呆直接被带到了接见室。接见室里是一个年轻的女子，阿呆不认识。年轻的女子问了阿呆的大名，然后说："我是一名教师，这是一次特殊的家访。"

阿呆的儿子已经上小学一年级了，这个女老师就是他的班主任。女老师带来了阿呆儿子写的一封信，信上有稚嫩的笔迹，歪歪扭扭地写着：爸爸，我已经原谅你了，你回来吧！

阿呆接过那封信，什么话也没说，突然蹲在地上，号啕大哭起来。他的泪水，打湿了那张薄薄的信纸。

接见室外，大头终于长长地松了一口气。

迟到的女友

一

芜城午夜的街头，有些清冷。一个纤细的身影，正准备穿过一条无人小巷，一个小流氓拦住了她的去路。小流氓满身酒气，一只脏手向那女孩的脸蛋摸去。

说时迟，那时快，只听得“哎哟”一声，小流氓已经躺在美女的脚下，一只手抱着另一只脱臼的胳膊，开始不停地求饶。美女冷哼了一声，也不再纠缠，转眼消失在小巷的尽头。

美女名叫阿千，是个杀手。前几天，阿千接到一个任务，去刺杀一个叫作胡奎的人。胡奎的身份不简单，是芜城化工厂的副总裁。可不管被刺杀的对象是什么身份，在阿千的眼里，都只是一个普通人——一个将死的人。

然而，阿千接连蹲守了几天，都不见胡奎的踪影，无功而返。阿千有些无奈，她希望老沈会尽快打来电话，给她一个解释。老沈是这次任务的买家，从来没和阿千见过面，只说是朋友介绍来的，每次打来的电话号码从不重复，可见是个小心谨慎的人。阿千对老沈一无所知，唯一能辨别的只是老沈沙哑而略带阴沉的声音。

阿千回到住处,电话响起,是老沈。老沈的声音一如往常的阴沉,阿千要求老沈提供胡奎的行迹,她总不能去刺杀一个无影无踪的人吧。老沈沉吟了半晌说道:“胡奎失踪了。”

“什么,失踪了?”

“对,现在只有找到胡奎,才能完成任务。当然,这中间的难度会加大,酬金也会加倍,这个任务你已经接手,不好再派给其他人了。你看……?”阿千虽然有理由拒绝,但她从不愿做没有结果的任务,这也是后患。可一个副总裁怎么会无缘无故地失踪?这不禁让人匪夷所思。

阿千开始在网上搜索胡奎的消息,一个帖子引起了阿千的注意:《芜城化工厂副总裁胡奎已畏罪潜逃》。帖子里揭露了胡奎前几年不顾民怨,肆意非为,通过各种关系在芜城近郊上马了一个化工厂项目,使人们饱受污染之苦。如今,国家开始大力反腐,胡奎这只老狐狸,已经闻到风声,畏罪潜逃了。

发帖的人名叫“红色尖刀”。跟帖的有很多叫好之声,但也有人质疑,怀疑红色尖刀在趁乱起哄,有本事亮出真实的身份才有说服力。红色尖刀回帖说道:如果你能从我的网名中悟出我的真名,才证明你有和我对话的资格,如果不能,请自我检查一下智商。

红色尖刀!这四个字在阿千的脑海里盘旋了千百遍,但没有任何头绪。她只有在网页上继续搜索关于芜城化工厂的消息,所有的消息都没有一丝价值。然而,就在搜索的最后一页,一则简单的负面消息却让阿千为之一振:芜城日报社见习记者朱锐为了达到个人目的,以虚假消息勒索芜城化工厂,被判处拘役六个月。

朱锐?朱,红色。锐,尖刀。红色尖刀,不正是朱锐吗?当阿千看到朱锐的相片,不由得喃喃地说道:“竟然是他?”

二

三天前，阿千去化工厂门前摸排胡奎的踪迹，一个可怜的老太婆正在沿街乞讨，可还没到化工厂大门口，两个保安就上前要将老太婆拉赶到一边。这时，一个年轻人上前阻止了保安粗鲁的动作，正是朱锐。朱锐质问保安有什么权力这么做？保安冷笑着说，这是化工厂的地盘，不允许乞讨。朱锐振振有词地说："不管在什么地方，都必须讲人道。"保安冷嘲热讽地回道："你讲人道，为什么不去帮助她？"朱锐一时赌气，就将荷包里的零钱一股脑儿全给了老太婆。然后，保安连大门也没让朱锐进去。

这时朱锐向阿千走来，尴尬地搔着头，向阿千借十块钱乘车回家。若在平时，阿千肯定以为是骗子，可今天确实不是。朱锐拿过钱后，向阿千要电话，说回头一定将钱还给她。阿千淡淡一笑，她怎么会将电话给一个陌生人？朱锐见她不愿，就从包里拿出一本杂志，写上了姓名地址，执意要送给阿千，说阿千如果有机会路过他那儿，可以去找他，请吃大餐。

阿千不想接，但又拗不过朱锐，只有接过了杂志，在心里暗想，这人心地虽然不错，但出门身上只有几十元钱，能请得起吗？

现在，阿千找出那本随手丢放在一边的杂志，只见杂志上果然留着朱锐的地址和电话。阿千决定去会一会这个"红色尖刀"。

临近午时，阿千按照杂志上的地址，很快找到了朱锐的房子，那是一间狭小的出租屋。阿千敲开了朱锐的房门。朱锐睡眼惺忪地出现在阿千的面前。阿千莞尔一笑："你说过要请我吃饭，还记得吗？"

朱锐没想到阿千真的找上门来了，局促不安地连连点头。他将阿千带到了附近的一个大排档。阿千调侃地说道："想不到言辞犀利的'红色尖刀'，所谓的大餐就在这儿？"朱锐的脸一下就红了。阿千接着说："不过我更喜欢大排档，因为在这儿不用装。”

朱锐见阿千竟然猜出了他的网名，觉得遇上了知己。两杯啤酒下肚，侃侃而谈起来。

一年前，在读大四的朱锐，在芜城日报社见习，他无意中发现化工厂的污染特别严重，破坏了民生。于是，他怀着一腔热忱和悲愤，写下了几千字的报道，大力抨击这种只要政绩，不顾环保民生的工程，并将矛头直指一直在操作此事的胡奎。

写完之后，朱锐把报道交给社长。社长粗略地浏览了一遍，不置可否地反问：“发生这么大的事，为什么老记者都没去？别的报社也都没有报道？偏偏就你这么一个新入行的毛头小伙要逞能？”朱锐这才明白，这些过于负面的报道是不会刊发的。可朱锐当时血气方刚，认为媒体就应该直面残酷的现实，当场就和社长吵翻了。回家之后，他越想越气，就将这篇图文兼备的报道用实名发在了本地论坛上。

不曾想，朱锐的发帖在芜城掀起了轩然大波，跟帖无数。

第二天，朱锐还没起床，社长竟然亲自来到门上，说没想到这个报道会引起如此巨大的反响，所以他来拿回报道材料，立即刊发。社长临走时，还笑意盈盈地丢下一个红包，说这是报社特批的奖金。

朱锐很高兴，正义终于占了上风。可正在此时，有警察敲开了房门，说朱锐涉嫌恶意发帖，敲诈化工厂开发商胡奎，朱锐大叫冤枉，而警察却看见了那个红包，红包里是两万元钱和胡奎亲笔写下的一封“和解”的签名信。

之后，胡奎也出庭指证了朱锐的“敲诈”行为。人证物证都在，朱锐被判处了六个月的拘役。朱锐无处申冤。他心里清楚，他个人的力量太单薄了，要想和胡奎斗，简直是不自量力。出狱后的朱锐，只能沦为一个自由撰稿人，日子过得捉襟见肘，苦不堪言。

阿千问朱锐：“那你怎么断定胡奎已经畏罪潜逃，是不是在故意报复他？”

朱锐叹了一口气，摇了摇头，说出了原委。

前几天的夜里，朱锐突然接到一个电话，电话的那头自称是胡奎。胡奎问朱锐想不想洗清冤屈。朱锐强压胸中怒火，问胡奎要怎么做。胡奎让他去一趟两百里之外的仙云镇，那儿有一家孤儿院，拿回他曾托付孤儿院院长保管的密码箱，一切就会真相大白。

朱锐怕被利用，先去化工厂探听消息，确保不会受骗，所以才会遇上阿千。几天之后，朱锐敏锐地推断，胡奎很可能畏罪潜逃了。可他为什么要帮自己洗清冤屈？难道是良心发现？但不管怎么说，这都是一次机会。于是朱锐决定敲山震虎，先在网上造成舆论，看看化工厂那边有什么反应。如果胡奎还不出面澄清，他就去一趟仙云镇，解开这个谜团。

听完朱锐的故事，阿千故作惊奇地说道："想不到你还真有英雄气，正好公司近两天放长假，我也想出去散散心，可以带上我一道吗？"

三

第二天，两个人如约上了路，来到了一座小山脚下的孤儿院。

孤儿院看上去相当破旧，一群孩子正在院内玩耍，看到来了两个陌生人，不由惊奇地瞪大了眼睛。阿千从背包里拿出了许多零食，分给了孩子们。孩子们非常高兴，很快就围在阿千的身边姐姐长，姐姐短地叫个不停。

朱锐笑着问其中一个孩子："你们院长在不在？"孩子用手一指屋顶，只见一个老人正在屋顶修葺房子。朱锐二话没说，上了屋顶，帮老院长忙活开来。

有个孩子指着屋顶，天真地问阿千："姐姐，那个哥哥是不是你男朋友？"

阿千看着无邪的孩子们，犹豫了片刻，竟然点了点头。孩子们一片欢呼。

就这样,朱锐一直忙到晚饭后。孤儿院地处偏僻,今天看来是走不成了。院长安排了两间破旧的屋子给朱锐和阿千。

孤儿院的夜晚格外宁静。朱锐失眠了,脑子里全是阿千的影子,他起身来到屋顶,想看看天上的点点繁星。

屋顶之上,阿千早已静静地坐在那儿。朱锐轻手轻脚地坐到了阿千的身旁。阿千头也没回,只是轻叹了一声:"你知道吗?我曾经也是个孤儿。"

难怪阿千和孩子们天生有一种亲近感,原来她有过这么伤心的过往。朱锐不知道该说些什么来安慰她,只是和阿千静静地坐在屋顶。

夜渐深,一阵凉风吹过。阿千抱紧了双臂,朱锐脱下外套,披在阿千的身上。两个人的眼神碰在了一起。朱锐的心脏剧烈地跳动了起来,他控制不住地想要去吻阿千。阿千甚至已经感觉到了朱锐灼热的鼻息,不由得有些意乱情迷。而就在此时,一个声音在她的心里响起:你是一个杀手,有什么资格去爱?

阿千猛地推开了朱锐。朱锐以为阿千生气了,羞愧地喃喃说道:"对不起,我以为……"阿千转过身去,有泪沿着眼角流下。而此时的朱锐,已经逃一样地离开了屋顶。

第二天一早,院长拿出一个精致的密码箱,交给了朱锐。

闲谈中,朱锐才知道,胡奎就是从这里走出去的第一批孤儿。以前没事的时候,还常回来看看,干一些力所能及的小事。但后来,他却越来越忙,就很少再回来了。不久前,他丢下这个密码箱给院长说:"院长,如果有一天,我回不来了,有人来取这个密码箱,请你交给他。"从此,再无踪迹和音信。

朱锐微微有些迟疑地问道:"院长,那您知道这箱子里装的是什么吗?"

院长摇摇头叹了口气说道:"我已经老了,胡奎这孩子,从小心性就高,他既然这么安排,肯定有他的道理,我又何必过问。"说罢,院长浑浊的眼看向屋外,落在远处。

朱锐和阿千辞别而去，回到了芜城，打开了密码箱。密码箱内只有一个U盘。看来，所有的秘密都藏在这个U盘里。一切答案即将揭晓。

四

U盘里有很多文件，其中一个标着“朱锐事件”。朱锐打开文件，里面是一通电话录音。朱锐当年原来是被报社社长出卖了，社长主动给胡奎电话，出谋划策，陷害了朱锐。

朱锐长长地松了一口气，终于可以还自己清白了。可胡奎现在又在何方？

U盘里还有一些文件，朱锐一一浏览之后，倒吸了一口冷气，里面记录着胡奎在操作化工厂上马时的账目，其中最大的几笔巨款都是打给了个叫“丁老师”的人，这个丁老师是谁？

朱锐心里升起了一股凉意，看来胡奎的幕后还有一只更大的黑手，在操纵着这一切，胡奎正是仰仗他的力量才得以成功。此刻，朱锐方才明白，这里掩埋的是一桩惊天的贪贿大案。而自己蒙冤的案件和这些巨贪比起来，简直不值一提。

正在这时，朱锐的电话响了起来。朱锐接起电话，正是胡奎。胡奎在电话那头说道：“你去把U盘交给公安局，等到真正的元凶归案后，我自然会投案自首，如果他不先归案，我的生命就得不到保障。你明白吗？”

原来胡奎最担心的不是坐牢，而是怕被害死。看来他最忌惮那个幕后的“丁老师”，因为他不知道丁老师会在哪个环节要了他的命，所以才先行躲了起来，再利用朱锐想洗清冤情的心理，走了这一步棋。真可谓用心良苦。

朱锐忍不住好奇地问：“丁老师到底是谁？”

胡奎在电话那端一声叹息：“这个你就不用知道了。等你把材料交给了警局，他们自会查出对方是谁，我也会归案指证。我现在不告诉你，也是为了你好,知道太多,说不定会惹来杀身之祸。”

朱锐怒道:“可是你到现在不都是一直在利用我吗?你的身边已经没有人了,只有我才能帮你。现在你至少要告诉我,你在哪里?”

胡奎一声苦笑:“我在哪儿还重要吗?我肯定会自首的,其实我也不过是一粒棋子罢了。”说罢,就挂断了电话。

这一切,阿千都看在眼里,她知道胡奎肯定就在仙云镇的附近,如若不然,他不会知道朱锐是何时取走密码箱的。阿千已经知道自己该去什么地方了,转身欲走,朱锐却一把拉起她的手,激动地说:“阿千,快,陪我一道去报案。”

阿千完全可以拒绝朱锐,但不知为什么,她却无力挣脱,或许,这将是她和朱锐最后一次同行了。

日渐西斜。朱锐来到公安局大楼,因为事关重大。登记过后,他们来到某个办公室的门前,轻轻敲响了门。

门内传出一阵低沉的声音:“进来。”

阿千听见那声音,心头突然掠过一阵无言的恐慌。那声音,似曾相识,却又一时想不起来……

朱锐正要推门,突然被阿千猛地往外一拉说道:“快走。”说罢,强行拉起朱锐转身就跑。就在那一刹那,阿千已经可以肯定,局长就是那个买家——老沈。那沙哑阴沉的声音,她不会忘记。

朱锐被阿千拉着,身不由己地飞奔出了公安局。

五

街道上响起了无数警笛声。阿千无暇和朱锐解释,看来老沈已经通过监控发现了他们。两人不停地穿堂过巷,直到来到一片荒芜的郊外。

突然,阿千的电话尖锐地响了起来,是老沈。阿千背着朱锐接听了电话,老沈阴沉沙哑的声音传了过来:“任务完成了吗?”

“还没有。”阿千沉着地答道。

“任务有变,现在你的任务就是杀死你身边的人,然后拿回那个U盘。”老沈冷冷一笑,他没有再对阿千遮遮掩掩,暴露出本来的面目。

“如果我不同意呢?”阿千反问道。

老沈淡淡地说道:“这个世上比你高强的杀手不计其数。你觉得你们能斗得过我吗?如果你不同意,死去的将是你们两个人!难道你愿意为了他,牺牲自己吗?”

阿千沉默了,老沈不但身居要职,而且还可以动用别的杀手。这样一来,他和朱锐,都将成为老沈追杀的目标。

就在阿千犹豫的间隙,老沈冷冰冰地命令道:“你将他带到青霖大厦后的公交站旁,那里人烟稀少。公交站牌下有个监控,我要亲眼看着你杀死他,拿回证据。你千万别想要什么花样。半个小时后,如果我还没有看到我想看的画面,我将会采取必要的措施,你明白吗?”说完,老沈已经不容置疑地挂断了电话。

朱锐此时再也无法抑制心中的疑惑,大声地责问道:“阿千,这到底是怎么回事?”

阿千冷冷地说道:“那个局长,已经被幕后的人买通了,你去报案,就是自投罗网!这点,连胡奎也不知道。”

朱锐吃惊地说道:“胡说,你凭什么敢这么说?你到底是什么人?”

阿千惨然一笑:“跟我来,我告诉你一切真相。”

朱锐将信将疑地跟着阿千,来到了青霖大厦后面的公交站下。夜已深,街道上已经寂寥无人。阿千站定在老沈所说的探头之下,回头怔怔地看着朱锐,什么也没有说,而是猛地抽出了藏在身上的一把尖刀,扎在了毫无防备的朱锐胸口。

一切都只发生在电光火石之间,朱锐吃惊地看向阿千,双眼圆睁着不甘心地倒了下去。阿千快速地从朱锐身上找出了U盘,对着监控晃了一晃。

朱锐倒在了血泊之中,疼痛让他的身躯变形扭曲。阿千不忍再看,转身离开了监控的范围,她的眼里,含满了泪水。

朱锐仍然在挣扎,他突然拼尽全力叫了一声阿千的名字。阿千终于慢慢地回过了头,朱锐抬起颤抖的手,指向前方说道:“有人,快跑!”说罢,他的胸口一阵疼痛,昏迷了过去。

阿千在朱锐的提示之下,已经惊觉,老沈在没有拿到证据以前,肯定是不会善罢甘休的。无论如何,老沈已经不准备让知道太多秘密的阿千活下去了。阿千转身钻入一条小巷,消失在茫茫的夜色之中……

六

朱锐在医院醒来,已是一个星期之后。医生告诉朱锐,那一刀,如果不是刀尖偏离了心脏一公分,然后又有个女人打了急救电话,朱锐就不会有这么幸运了。

朱锐想起了阿千,伤口不由得又剧烈地疼痛起来,那是心在痛。

随后,有警察来看望朱锐,并告诉他,阿千是个女杀手,因为不堪买家的追杀,逃到省城的公安厅,交出证据,自首归案。

朱锐当年的冤情已经洗清,“大老虎丁老师”已经落网,他网罗的手下老沈自杀,胡奎主动归案。当然,还包括刺伤朱锐的女杀手阿千,以及自作聪明的报社社长。

一切终于真相大白,可朱锐却没有一丝成就感,而是感到异常的失落。

一个月后,朱锐出院,恢复了记者的身份,又开始重新投入到新的生活中,忙碌起来。他始终相信,再邪恶的力量,也终有覆灭的一天,所以,他的报道还是尖锐而又深刻。他的笔名叫:红色尖刀。

这天,朱锐意外地收到了一封来自监狱的信。信竟然是阿千写来的。那是阿千写下的一封遗书,阿千已经自杀了,一个出色的杀手,在任何条件下,杀死自己,轻而易举。只是她在死前,还有一句话想对朱锐说。

朱锐这才明白,阿千知道他不会死,所以才会给他留下这封信。也就是说,当初阿千刺下的那一刀的时候,就知道不会致命,杀手杀人,知道真正的要害在哪儿,当然也知道,哪儿并不会致命。阿千这么做,只是为了摆脱当时的困境,如若不然,他们可能都得死。刺伤朱锐之后,那个急救电话也一定是阿千打的。

阿千的信很简单,只有一句话:对不起,朱锐,我走了,我唯一后悔的是,在孤儿院的那一晚,应该让你吻我……

飞来横财

一

许舟今年读大二，每个月初，家里都会给他的银行卡上打来两千块钱，作为当月的生活费。现在还有一个星期才到下个月，许舟的卡上只剩下最后一百元了。这本也没什么，大不了吃一个星期的方便面。然而，许舟前几天中午翻看班级的花名册时，无意中发现，李嫣很快就要过生日了。

最近，许舟和李嫣互相心生好感，但许舟还没有勇气表白。为什么呢，因为李嫣家境优越，父亲还是位领导干部，而许舟却什么也不是，这多多少少让许舟有些胆怯。如果可以借送生日礼物之际表白，说不定恋情会就此展开。可现在，这一百元，连请李嫣看一场电影都不够。

许舟想到借，可是室友和朋友无一例外的全是“月光族”，借了一圈，除了一些安慰的话，分文没有。现在唯一剩下能借的人只有一个，那就是班上的“土豪”王明洋了。

说起王明洋，本来和许舟的关系还挺好的，但自从许舟和李嫣越走越近，王明洋则开始对许舟冷嘲热讽，讥笑许舟“癞蛤蟆想吃天鹅肉”。后来，许舟才知道王明洋和李嫣是同乡加世交，而且也在追求李嫣，难怪会心生埋怨。

许舟思前想后，还是抱着侥幸的心理决定向王明洋试一次。中午放学后，许舟见王明洋单独一人，就追了上去。王明洋轻蔑地瞥了许舟一眼："找我有事吗？"

许舟不好意思地笑了笑："明洋，我想向你借点钱，行吗？"

"什么，你再说一遍？"王明洋像是没听清，大声反问。

"呃……我想问你有没有钱，先借一千块给我。"许舟不禁有些尴尬，他知道王明洋是在故意刁难，但现在已经骑虎难下了。

正在这时，几个同班的女生恰巧路过，王明洋一见，故意大声地说："有！钱我怎么会没有呢。可是你能告诉我，你为什么要借钱呢？不会是穷得饭都没得吃了吧？"

王明洋的说话声引起几个女生的注意。女生之中，有个叫小喇叭的，超喜欢听八卦，什么事被她知道了，很快就会传遍全班。许舟想撤，可一想到生日礼物，只好硬着头皮说："我有点急事，下个月初肯定还你。"

王明洋斜着嘴角说道："急事？不会是知道明天是李嫣生日，缺钱给她买礼物吧？"许舟只好红着脸点了点头。

王明洋打了个哈欠说："许舟，你父母含辛茹苦送你来读大学，是希望你学业有成，可你却学着别人谈恋爱。这钱，我可不能借。那是助纣为虐。"

许舟脸一下红到了脖子根，小喇叭和几个女生见到这一幕，不禁窃笑起来。许舟再也无法忍受这样的羞辱，转身就走。但耳边仍回响着王明洋的嘲讽和几个女生的窃笑，心里像火烧一样难受。

二

下午，许舟躺在床上生闷气，突然手机上传来一阵短信音。许舟漫不经心地拿起手机看了一眼，随后就吃惊地从床上坐了起来。短信上显示，他的银行账户上新增一笔收入，共计200000.00元。许舟使劲揉了揉眼睛，把几个零又细数了一遍，没错，是二十万。

这简直就是一笔天文数字，会是谁打到自己的银行卡上的？许舟检查了短信的来源，确实是银行的短信。

会不会是家里打来两千块的生活费，然后银行系统弄错了，多出了几个零？可是，还没到打生活费的日子，家里防止他乱花钱，从来没有提前打过款。

许舟起身向校外的银行跑去，他要确认一下，或许是银行发错了短信也说不定。ATM显示出的数字再一次让许舟眩晕，确确实实是二十万。许舟猛地拔出卡，跑到一个偏僻的地方坐了下来，可还是抑制不住内心的狂跳。

华灯初上，许舟终于作出一个决定：先取出一千元，再看看事态的发展。如果银行知道了，他就用下个月的生活费还上。如果一直没被发现，那么……

想到这里，许舟起身再次来到ATM机前，心还是一阵阵地狂跳，连密码都输错了一次。终于，ATM机里吐出一千块崭新的钞票，许舟一把攥住钱，逃一样地离开了。

李嫣的生日，许舟精心给李嫣挑了一件礼物，心里想着该怎么向李嫣表白，可是那二十万却总是在脑中晃荡。

傍晚，许舟收到了李嫣的短信，约他去"奥顿酒店"赴生日宴会。许舟心想，幸亏有了准备。许舟如约前往，到了包厢一看，李嫣和小喇叭及几个要好的同学都已经到了，王明洋也在，而且正在高谈阔论。

宴会中，许舟才明白，今天是王明洋做东，特地为李嫣办的生日宴会。席间，王明洋财大气粗地说等一会儿吃过饭，还请大家去K歌，他全程买单。小喇叭带头叫起好来。

许舟心里则有些失落，这个王明洋，他不就有两个臭钱吗？凭什么这么得瑟？想到这里，脑子一热，霍地起身说道：“李嫣的生日晚餐你已经破费了，K歌的费用，就由我来掏吧。”

大家都鼓起掌来。李嫣偷偷地拉了拉许舟，但许舟却浑然不觉，只是得意地看了王明洋一眼。他分明看到，王明洋的嚣张气焰收敛了不少。

KTV里，大家都玩得很开心。许舟第一次找到当“土豪”的感觉，也很兴奋，根本没在意坐在一边的李嫣，一直有些闷闷不乐。

打烊时，许舟叫来服务生结账，身上的现金肯定是不够了，许舟掏出皮夹准备刷卡，可随后，他的头皮一阵乱麻，银行卡不见了！

三

许舟在全身上下搜了个遍，也没有找到那张银行卡。这时，王明洋仿佛已经看出了许舟的尴尬：“哟，大帅哥，怎么了，是不是没钱付账呐？”许舟头上的汗冒了出来，丢了这张卡，不单单是无法买单的难堪，更可怕的是，那张卡上有一笔巨款。

这时，李嫣突然站起来说道：“今天是我生日。这单，我来买。”说罢，不容分说地掏出银行卡，交给了服务员。

许舟失魂落魄地回到了学校，拼命地回想着，银行卡会丢到哪里了呢？终于，他想了起来。昨天在取钱的时候，心里一激动，拿钱就跑，忘记了取卡。

冷静，必须让自己冷静下来，许舟告诫着自己，开始细细地梳理着每一个细节，看看能不能找出解决的办法。

突然，许舟一拍脑门。对，银行卡和手机已捆绑，如果有人取了钱，肯定会收到信息。也就是说，如果还能找回自己的卡，几乎没有任何损失。明天,他可以拿身份证先到银行挂失,重新补回银行卡,这样就可以将损失降到最低程度。

一切,只有等到明天再处理了。回到宿舍,许舟这才想起李嫣临别前一直闷闷不乐的样子。

第二天一早,许舟来到班上,准备先和李嫣解释一下,再去银行办理挂失手续。可到了教室,却听说李嫣的爸爸在检查工地时,不小心摔断了腿,所以请假回去了。

正在这时,教务主任来到了教室,说是银行有人找了过来,请许舟去教务处一趟。许舟的心里"咯噔"一声,这下全完了,银行的人肯定发现了那二十万的事,是来追要的。

许舟来到教务处,里面坐着一个慈眉善目的大叔。大叔和教务主任耳语了几句之后,教务主任离开了办公室。许舟知道,现在是银行大叔和他摊牌的时候了。

银行大叔让许舟拿出身份证,核对了一遍后,又问了一些银行卡的开户情况。许舟此时几乎已经确定了大叔的来意,正准备竹筒倒豆子,主动交代的时候,大叔突然哈哈一笑:"你这小子,真是太粗心了。"

许舟不由一愣。大叔掏出一张银行卡:"你把银行卡丢在ATM机里,好在是被我们银行的工作人员发现,根据卡上的信息找到了你。"

原来大叔是来还银行卡,不是来要债的。大叔把银行卡交给了许舟说道:"孩子,不管你家里的条件如何,也不应该在你卡上放这么多钱,虽然我们可以为你保密,但你丢在ATM机里,这不是引诱人犯罪吗?"

"犯罪?"许舟随口问了一句。大叔笑着说道:"任何侵占不属于自己财物的行为,都是犯罪,你都是大学生了,这点不应该让我来告诉你了吧?下次可一定要小心了。"

许舟木立在当场,不知道是该喜还是忧。他张了张嘴,但终究还是什么也没说。

四

拿着失而复得的银行卡，许舟的心里却再没有惊喜，反而沉重了起来。“犯罪”这两个字，一直在脑中盘旋，之前他一直刻意地逃避这个问题，但现在，他不得不重新审视。

报案？事情已经过去了几天，而且卡上的钱已经被挪用了一千，怎么补上？警察假如因此把自己扣押起来，这事要是传开去，可不是什么光彩的事。那么，当务之急，就是要弄清这钱到底是谁打来的？可是，这一切又从何查起呢？

正在许舟一筹莫展之际，他终于发现了一条线索。线索的来源，还是王明洋。

下午，许舟正在发呆，王明洋得意洋洋地走了过来：“大帅哥，怎么愁眉苦脸的，是不是又缺钱花了？可惜李嫣已经回家了，要不然，她肯定又会打电话回家，让家里的人给你的卡上打钱了。哈……看不出来，你还有这手段，会装可怜骗钱了。”

许舟再也无法按捺胸中的怒火，腾地一下站了起来，指着王明洋的鼻子说：“王明洋，你别血口喷人。”

王明洋根本不以为意：“我血口喷人？李嫣打电话的时候，小喇叭都听见了，李嫣在电话里，指定了银行卡持有人的姓名是许舟，难道不是你？这钱，你敢用，还不敢承认？”

许舟脑子“嗡”的一声，再也无心搭理王明洋，难道那二十万是李嫣打到他卡上的？许舟恨不得能立即问个明白，可李嫣现在已经请假回了家，电话也不通。

终于到了月初,许舟像往常一样收到了家里打来的两千块钱生活费。那一刻,他的眼泪差点都下来了,想想一直本分的父母,而自己差点就犯了错。现在,卡上的钱终于已经凑齐二十万了。许舟请了假,来到了长途车站,买了一张去李嫣家的票,他要把事情原原本本地问个清楚。

一路无话,许舟敲开李嫣的家门,开门的正是李嫣。

“你怎么来了?”李嫣在看见许舟的一刹那,掩饰不住心中的惊奇和感动。

“我是来向你赔罪的。你生日那天我不该逞能,我知道那样很肤浅,但我控制不住自己。”

“没什么。”李嫣轻轻叹了一口气说:“其实也不能全怪你。你的礼物,我很喜欢。”

“李嫣,我还想问你一件事? 我银行卡上的钱是你打的吗?”

李嫣咬了咬嘴唇:“那天,小喇叭四处宣扬你向王明洋借钱的事。我不想你因为我的生日太为难,正好我手里有一张你曾消费的刷卡小票,所以就打电话回家,让我爸往你的卡上先打两千块钱。这件事,我本来准备等我生日过后再和你解释,但没来得及,希望你不要太介意。”

许舟听完,虽然心中一暖,但还是没有解开心中的谜团。

“两千块? 可我卡上收到的是二十万!”

“二十万?”李嫣也傻了。

五

李嫣带着煲好的鸡汤,和许舟一道来到了医院。李父很慈祥,对许舟也很客气,听许舟说完一切后,李父的眉头紧了起来,自言自语说道:“还有这事? 如果真是这样,这个王志成也太不像话了。”

“王志成？爸，你是说王明洋的爸爸吗？”李嫣问道。李父轻轻地点了点头，说起了原委。

那天，李父在王志成的工地受了伤，躺在医院里，可李嫣打来电话要钱。李父只好准备托人去办，在一边的王志成却自告奋勇，接下李父的两千块钱，去了银行。可王志成为什么要往卡里打二十万呢？这就让人匪夷所思了。

李父深深叹了口气：“其实也不难理解。只是这个王志成，还是不了解我啊。他以为这样就算行贿成功了。”

正是因为王志成的工地安全不达标，才导致李父受了伤。当时，李父并没有告诉李嫣他受伤的情况，可李嫣的母亲那天夜里给李嫣打电话时，不小心说漏了嘴，李嫣第二天就急急地赶回了家。王志成以为，这钱是打给了李嫣，等李嫣回来，钱已用光，李父肯定就不会再说什么了。殊不知，一切阴差阳错，因为许舟的沉默，众人皆不知晓。

钱的来路终于明了。许舟红着脸，把卡交还给了李父说：“叔叔，对不起，我一时私念，差点害您背上了黑锅。这钱，现在一分不少，我归还给您。”说罢，羞愧地低下了头。

李父哈哈大笑：“小伙子，醒悟得还算及时，但这卡，我不能要。”

“不要？”许舟傻了眼。

“这剩下的事，还应该由你去解决。”李父哈哈笑道。

许舟终于恍然：“叔叔，您放心，我这就主动去报警，把事情的来龙去脉说清楚，让那些想钻空子的坏人，受到应有的处罚。”

一张录取通知书

说起儿子张良伟，曾经一直是张明旺的一块心病。老婆走得早，张明旺忙着饭店里的生意，顾不上照顾儿子的生活和学习。

高二那年，儿子在上课时开小差，用歌词拼写了一封情书，被巡查的校长抓了个正着。也不知儿子当时犯了什么浑，一向胆小的他那次僵着脖子，非要让校长把信还给他，为这事，被学校记了过。张明旺听说后，气得想吐血，可还没开始教训，儿子已经把自己闷在屋里不去上学了。

后来，还是班主任亲自来“请”，才把张良伟又带回了学校。从那以后，也不知老师是怎么教导的，让这孩子开始变得开朗和懂事起来。这不，高考放榜，张良伟竟然收到了一张名牌大学的录取通知书。

所以，张明旺和儿子商量好了，今年，要在自家饭店里办个隆重的谢师宴。

这天，张明旺正在柜台前盘算着那一天的酒席，一个十七八岁的女孩走了进来，对张明旺说:“叔叔，我想预定一桌谢师宴。”

张明旺看了看那女孩，浓眉大眼，穿着学生服，正眼巴巴地看着自己。张明旺心想，开酒店这么多年，孩子来订酒席还是头一次见。来者都是客，先问问再说吧。张明旺说:“孩子,你来订宴席,你们家大人知道吗?”“知道呀。”女孩脆生生地答道。张明旺拿出登记本说:“那好,先交500元订金。”女孩嘟着嘴想了想说:“叔叔,我没带钱。您先帮我垫上,行吗?”

张明旺又好气又好笑:“孩子,要不你回去拿了钱再来订吧。”张明旺还是和颜悦色,但语气已拒人于门外。女孩并不着急,扑闪着大眼睛说:“叔叔,我家离得很远。要不这样,我把录取通知书押在您这儿,行吗?”说罢,女孩拿出一张烫金的大学录取通知书放在了台上。

张明旺看了看录取通知书,知道女孩名叫杜娟。对一个学生来说,录取通知书比什么都重要,但作为订金,还是不太妥当。张明旺正要拒绝,却发现杜娟的录取通知书竟然和儿子是同一所大学,所以就心一软说:“也行,我帮你订。那你要定在哪一天呢?”

杜娟说:“我问过我们班主任了,他只有8月18号这天有时间,而且他还指定了让我订在您这儿。”。张明旺哈哈一笑:“你们老师看来是我的熟客哦。”杜娟调皮地吐了吐舌头,看着张明旺登记在册,高兴地走了。

转眼就到了8月18日,张明旺一直张罗着儿子的谢师宴,却始终有些心不在焉。他心里一直记挂着那个杜娟。你说这孩子,押下了录取通知书,都已经下午了,还是不见人影。当时她也走得急,还没留下个电话号码。

傍晚,赴宴的人已陆续到来,张明旺也顾不得再想杜娟的事了,一边招待着客人落座,一边拨通了儿子的电话,让他来给老师们倒倒茶水。可儿子却说去接班主任了。也对,班主任才是儿子应该感谢的第一大恩人。

过了不多时,班主任也到了,张明旺赶紧上前寒暄了几句,却不见儿子,于是问:“老师,张良伟说去接您了,怎么没和您一起来?”班主任笑了笑说:“可能还有什么重要的客人也要去接吧。”张明旺尴尬地搔了搔头:“哪里还有什么客人能比您重要。我来打电话催一催。”班主任伸手拦住了:“孩子们有自己的事,就不要催了,我们再等会儿。”

可是，人都到齐了，左等右等还是不见张良伟的身影。于是，张明旺偷偷地出了包厢又给张良伟打电话，可是那边却无人接听。张明旺可有些生气了，对着班主任和各位老师说：“不等了，我们开席吧。”说罢，就吩咐服务员准备上菜。

班主任赶忙拦住了说：“别别别，不瞒各位，今天这餐谢师宴，我和张良伟同学商量过了，还有一位特别重要的客人一定要到场。他已经去请了。”

班主任这么一说，张明旺也不好多说什么。只是他不明白，大家都已经到齐了，还有什么特别重要的客人呢？张明旺问班主任，班主任却笑而不答。

终于，在张明旺已经急不可耐的情形下，儿子张良伟这才急匆匆地推门而入。张明旺一看，惊得目瞪口呆，儿子的身后，跟着的不正是那个杜娟吗？

难道说，这个杜娟就是班主任所说的特别重要的客人？

宴席开始，照例由班主任先说几句。班主任也没推辞：“今天的谢师宴，最重要的客人，就是张良伟的同班同学杜娟。如果没有杜娟的帮助，我们做老师的也爱莫能助啊。所以，今天的谢师宴，就算是两个学生的共同心意吧。”

此时的张良伟，已经面红耳赤，头都快低下桌了。杜娟却笑眯眯地站起来说：“老师，我还愁着没办法请你们呢，原来你都安排好了。”班主任笑着点了点头。

原来，高二那年，张良伟写的情书就是给杜娟的。杜娟的家住在山区，父亲又体弱多病，是个特困生，但杜娟却是个开朗活泼的女孩。用杜娟的话说就是：谁说特困生就应该是那种低眉顺目的可怜虫？

其实张良伟写了很多封类似的情书，但一封也没敢交给杜娟，被校长发现后，暗恋的秘密就泄露了。张良伟不愿去上学，是不敢面对杜娟。这时，杜娟主动地找到班主任，说要帮助张良伟学习，她不愿看着他消沉下去。果然,张良伟后来不但没有再对朦胧的爱情胡思乱想,还在杜娟的鼓励和帮助下,不负众望,考了个好成绩。

高考结束,张良伟和杜娟相约报了同一所大学,双双被录取。杜娟来拿录取通知书那天,对班主任说想表达一下自己的心意。班主任和张良伟一合计,就指定日期让杜娟来这儿订酒宴,瞒着帮她省钱,毕竟她家的条件有限。

杜娟为了谢师宴,开始在县城当暑期工。到了这一天,班主任又找借口告诉杜娟,今天没时间,宴席改期。这可让杜娟为了难,只好继续打工,谋算着过些天再订酒席的时候去取回录取通知书。这不,张良伟去接杜娟的时候,杜娟还有五百张传单没发完,所以两人发完了传单赶来,就迟到了。

张明旺感慨万千,他端起酒杯,对杜娟说:“孩子,谢谢你!叔敬你一杯酒。”杜娟以饮料代酒,调皮地说:“叔叔,回头您可要把录取通知书还给我哟。”

张明旺哈哈笑着说:“你的录取通知书就寄存在叔叔这里吧。等到开学,叔叔送你们一道去上大学!”

难缠的抢劫犯

凯尔以前是个穷小子,但是娶了琳达以后,就不一样了。琳达虽然长得不漂亮,脾气又坏,但她的父亲是一家保险公司的副总。婚后不久,凯尔就被安排负责第七区的人身保险理赔。在接连揭露了几起骗保案后,得到了大笔奖金不算,还上了电视,开始小有名气。

因为常和医院打交道,富有魅力的凯尔和护士艾美成了情人。这天晚上,凯尔去艾美的住所约会。艾美就住在离医院不远的地方,凯尔怕被人发现,每次都会从医院后面一条偏僻的小巷穿过去。凯尔一个人走在漆黑的小巷里,突然听见身后一阵急促的脚步声,他刚想转回头,就感到腰间已被一件尖锐的东西顶住,一个声音瓮声瓮气地说:“别动,抢劫!”凯尔心里一惊,举起双手,正想说些什么,手上却一松,包已经被那人夺了过去。那人抢到包后,就头也不回地跑远了。

凯尔转过身追了几步,可哪里还有劫匪的影子?包里并没有多少值钱的东西,只有少量的现金和一些普通的材料。但凯尔突然想起,包的内层还藏着一个U盘,里面是他和艾美的亲密相片。

凯尔不由得有些担心,如果U盘里的秘密被人发现了,那可不是什么好事。但事已至此，他只好转念安慰自己，或许劫匪根本不会在意包里那个小小的U盘，他拿走了现金，就会把包扔了。

接下来的几天，一切风平浪静。凯尔开始放松下来，毕竟劫匪是个罪犯，即使他发现了那个U盘，也不敢明目张胆地出现。难道他真的不怕法律制裁？可事情偏偏不那么走运，一个星期后，凯尔就接到了一个陌生的电话，电话里正是那个劫匪瓮声瓮气的声音。

凯尔控制着内心的慌乱，问对方是谁。对方毫不客气地说道："我就是那天晚上抢劫你的人，你不记得了？"凯尔故意用惊讶的声音说："对不起，你认错人了吧，我根本没有被抢过！"对方哈哈大笑起来："凯尔先生，你可真健忘，你的包里有你的名片。还有个U盘，那个护士艾美小姐，身材可真不错呢！不知道你的妻子琳达看了以后，会是什么感想？"

凯尔知道瞒不住了，悄悄地按下了录音键问道："是不是你抢得钱不够多，还想再敲诈一点？"电话那头满意地回答道："果然是聪明人，这样吧，我的要求也不高，我给你一个账号，你汇一万元进去就行了。"凯尔压抑住心头的怒火说："你就不怕我报警？"对方哈哈一笑："怕，但我相信你应该比我更怕！一万元对你来说根本不算什么，是不是？"凯尔没辙了，他被对方说中了心事，这件事要是被琳达知道了，后果就不堪设想了。凯尔只好问道："那你什么时候能把U盘还给我？"那头很不耐烦地说："凯尔先生，都是什么时代了？U盘你要回去有用吗？如果你舍不得那些相片，我回头和账号一同发到你名片上的邮箱里，望查收！"说罢，就挂断了电话。

不一会儿，凯尔的手机就接收到了邮件，正是那些相片和一个账号。

一万元并不是一个大数目，但凯尔却隐约感觉事情有些不妙，这样的敲诈案从来没听说过一次就会结束的。不过，这个劫匪虽然胆大，但他还是忽略了一点，他能从报纸和网络上探听了凯尔的一些情况并不奇怪，可他竟然能说出艾美的名字，就证明他认识艾美。所以凯尔留了个心眼，录下了他的声音,说不定艾美也认识他。如果能找出对方是谁,事情就会好办多了。

凯尔把电话的录音给艾美听,艾美摇头,那声音明显是故意憋着嗓子说出来的,根本不可能是人正常说话的声音。艾美苦思了半天,还是想不到她的朋友中有这样的人。

凯尔没办法,只好把一万元打入了对方账户,通过业务上的关系,凯尔知道了账户是一个叫摩根的黑人的。劫匪虽说不一定就是摩根,但凯尔还是希望能从摩根那里找到一些线索。

摩根就住在第七区的贫民区。凯尔辗转找到了摩根。从表面上看,摩根应该是个非常老实的人,看上去六十多岁,脸上刻满了岁月的风霜。摩根住的地方也非常破旧,屋里杂乱无章地堆放着一些破旧的玩具,可见他的日子过得非常穷困。凯尔的到访,摩根表现得非常冷漠。凯尔开门见山,直接拿出艾美的相片,问摩根是不是认识。摩根茫然地摇了摇头。

凯尔在摩根的屋里转了一圈,偷偷拿相机拍下了墙上摩根和一个小男孩的相片,然后随便问了几句,摩根并没有心情搭理凯尔,只是敷衍地回答了几句。凯尔看问不出什么结果,就离开了。怎么看,摩根也不像是一个劫匪。

第二天,凯尔又接到了那个陌生的电话。劫匪在电话里非常不客气地说:"凯尔先生,据我所知,你在暗中调查我,还去找了摩根。实话告诉你,摩根的账户是我偷偷开的,他根本不知情。你就不要再白费力气了。由于你的不厚道,我决定再惩罚你一下。这一次,我需要两万元。"说罢,对方就挂断了电话。

凯尔又气又怕。气的是,这家伙果然不是个善茬,他这样勒索像个可怕的吸血鬼。怕得是,这个劫匪好像一直在暗中关注着自己,连自己去找摩根他都知道。看来,这个人不但认识艾美,和摩根还有一定的关系。

凯尔没办法,只有再拿出两万元,暂时稳住对方。但凯尔也在心里暗暗地下了决心，一定要找出这个躲在暗处的家伙，把事情一次性解决了。要不然，长期这样下去，可不是好事。

凯尔把在摩根那儿偷拍的相片让艾美看，艾美茫然地摇着头。突然，艾美指着那个小男孩说："这个男孩我认识，是我们医院的病人。"

接下来的几天，凯尔偷偷地调查了关于小男孩的情况。小男孩名叫杰克，是摩根的孙子。不久前，杰克被查出患有尿毒症，被送往医院。小杰克的情况非常不好，还患有多种并发症，只能靠做费用昂贵的透析延长生命。杰克的父亲叫克里斯。克里斯请求医院将自己的肾换给杰克，可是他的身体状况不允许做这么大的手术。再说，昂贵的手术费用，也不是克里斯这样的家庭可以支付的。

凯尔终于明白了，这个劫匪很有可能就是小杰克的父亲，老摩根的儿子克里斯。他有犯罪动机，也需要钱。而且他因为长期在医院，肯定会知道艾美的名字和职业。

如果这个猜想是正确的，说明这个克里斯并不像想象中那么狡猾，如若不然，他也不会留下这么多的线索让自己就找到了。想到这里，凯尔心里不由得轻松了许多，这个家伙，应该不难对付。

就在凯尔考虑如何应对的时候，那个电话又打了进来。当然，还是要钱。这次要得更多了，要五万元。凯尔趁对方还没有挂断电话说："朋友，我已经知道你是谁了，你如果继续这样贪得无厌，我也没有办法满足你。"对方在电话里冷冷地说："凯尔先生，如果我拿不到五万块钱，你知道我会怎么做吗?"凯尔努力让自己镇定下来："克里斯，我很同情你的遭遇，如果你真的想要拿到这五万元，我想我们必须面对面地谈一下。把这个事情彻底解决了。我可以给你五万元，但你要保证以后绝不再来打扰我。"

对方沉默了，可能他没想到凯尔会直接叫出他的姓名。终于，他叹了一口气说："好吧，既然你已经知道我是谁，那就见个面吧，但你要记住，如果没有五万元，我是不会善罢甘休的。”

终于把劫匪从幕后揪了出来，凯尔长长地松了一口气。剩下的事情，就是怎么样彻底解决这个麻烦了。

克里斯将凯尔约到了一处偏僻的楼顶天台处，凯尔四处观察了一番，非常满意克里斯选择的地点，这样人迹罕至的天台，真是杀人灭口的最佳地点。凯尔冷冷地看着克里斯说：“这里是五万元，我可以给你，但你必须保证这是最后一次，如若不然，我会和你拼个鱼死网破的。”克里斯点了点头，从兜里拿出一个信封，交给了凯尔：“这是你的U盘，如果真的把你弄得身败名裂，我也要退回那些敲诈的钱，这样对我没有任何好处，我会为你保守这个秘密的。”

凯尔在心里冷笑了一声，猛地收回了五万元钱，并掏出了怀里的手枪，指着克里斯说：“你以为我会相信你的鬼话吗？你要知道，只有死人才会真正地保守秘密。”

克里斯的背后就是楼顶的栏杆，前面是凯尔的枪。克里斯死死地盯着凯尔说：“如果我的身上有枪伤，你猜警察会不会找到你？”凯尔一怔，但此时他再也顾不上那么多了，凶狠地说：“如果我不杀你，后患无穷。你儿子的病就是个无底洞，到最后，连我也满足不了你，还不是一起完蛋？”克里斯牵扯着嘴角，微微一笑：“确实，如果我不死，你是不会安心的，你说的没错，我要的确实不是这五万元钱。这样吧，给你的信封里还有一封信，等会儿有空的时候，你看一下吧。”

克里斯说完，竟然转过身，毫不犹豫地跃过栏杆，跳下了高楼。凯尔被这瞬间的变故惊呆了，不知道到底是怎么一回事。他赶紧打开克里斯留下的信封，里面果然有一封信：

凯尔先生，首先我向您道个歉。我承认我有罪，那次在医院后巷的抢劫，是我走投无路的结果，但碰巧您包里的名片和U盘，让我想到了一个完美解决困境的办法。是的,我用在您身上敲诈的钱买了一份人身保险。如果您愿意做证明我是失足掉下了天台的目击者,而不是自杀骗取保险,我儿子杰克不但可以得到高额的保险金,也有了挽救他的肾源。而且,我还知道,第七区的理赔都是由您负责,所以我在这里恳请您在办理我的保险事件的时候,能迅速一点。因为我告诉了老摩根,如果在半个月内小杰克还不能做手术的话,就请他去警察局一趟,把我的邮箱地址告诉警察。警察肯定能破译我的邮箱密码,然后找到那些相片。这样一来,您的秘密不但会被公开,而且还有可能涉嫌谋杀,因为里面的证据都足以证明您有杀害我的动机。当然,如果您救了我的儿子,您的秘密将会永远躺在我的邮箱里。在这里,我再一次向您道歉,但这也是最后一次麻烦您了。之前的三万元,您可以在小杰克的赔偿金里扣除。谢谢!

凯尔看完了克里斯的信,不由得目瞪口呆。天台之下,克里斯的尸身旁,围观了许多人,有警笛声呼啸着由远而近……

父亲是个杀人犯

一

钟梅被送进了精神病院。钟梅认为自己没病，但父亲钟远山却对医生说，钟梅的病是家族遗传的，因为她母亲肖秀红是个疯子。

其实肖秀红也不是全疯的那一种，只是每年到春暖花开的时候就会犯病。肖秀红一犯病，就会神志不清，除了家人，谁也不认识，干过什么事，也全不记得。

正是因为这样，钟远山发迹之后，只请了一个保姆在家照应，自己则以工作为借口在外花天酒地，甚至还包养了一个小三。有一次，钟梅和男友李坤去看电影，就撞见了钟远山和小三。可是钟梅没有把这一切告诉母亲，她怕伤害了母亲。

三个月前，钟梅经历了一连串的打击，先是男友李坤和她分了手。接着母亲又无缘无故地落入了门前的水塘，淹死了。钟远山告诉警察，肖秀红每年到这时候，就会神志不清，可能是保姆看管不严，才导致肖秀红不慎落水丧命，保姆已经被辞退了，警察也走访了保姆，保姆当天晚饭后确实偷偷回了趟家，所以真不知情。最后，警察也没有发现什么疑点，就按正常的溺水案处理了。

钟家住在郊区，门前有一口水塘，但钟梅知道，母亲历来怕水，怎么会跑到水塘边？于是钟梅认定是父亲嫌弃母亲，趁她不备，杀害了她。钟梅哭着去质问父亲："为什么要杀害母亲？"

钟远山阴沉着脸，一言不发地看着钟梅，目光很复杂。钟梅不禁打了个寒战，她感到父亲的目光是如此陌生，让她极度不安。钟梅冲到了电话前要报警，钟远山上前一把抢过了电话，将钟梅推倒在沙发上，拨通了精神病院的电话。

钟梅吵闹着不去住院，指着钟远山大骂他是杀人犯。钟远山无奈地对医生点了点头，医生就给钟梅打了一针镇静剂。钟梅意识逐渐模糊，睡了过去。

二

钟梅在精神病院醒来。她明白了，这一切都是父亲的阴谋，有钱能使鬼推磨，现在谁还会相信一个精神病人？如果想揭穿父亲，只有等到出院后再从长计议。

钟梅乖乖地在精神病院呆了三个月，医生觉得钟梅表现良好，建议可以出院了，就联系钟远山。钟远山不放心，要求和钟梅通电话，钟梅在电话里乖巧得很，钟远山这才答应来接她。

钟梅回到家中，再不轻易提起母亲被害一事，而是处处留心观察着钟远山，看能不能发现蛛丝马迹。钟远山好像还是有点不放心钟梅，没有再请保姆，亲自呆在家里监管着钟梅，这给钟梅的调查带来了很多不便。

这天，钟远山突然接到了一个短信，神情立即变得紧张起来，随后就立即锁上了大门,离开了家。

钟梅趁此机会,偷偷溜进了父亲的房间,却没有找到一点有用的线索。钟梅突然想起,父亲是个电脑盲,曾经的QQ和邮箱都是她帮着注册的,密码就是自己的生日。

钟梅打开了父亲的电脑,在QQ账号下输入密码,果然打开了。

QQ上只有一个好友,就是那个小三。小三最近总在问钟远山,为什么这段时间不去看她,是不是以前说的话都不算数了?钟远山只回答说,最近有些事情要处理。

再往前翻,大多是小三和钟远山说的一些情话。但细心的钟梅却发现,小三说得最多的就是,我要和你做一辈子的夫妻,取代你那个名存实亡的黄脸婆。而钟远山的回答基本都是一个傻笑的表情。

果然,这两个人可能平时都密谋好了,怎么杀害母亲。钟梅启动了打印机,想把这些都打印出来存证。

而正在这时,背后传来一声重重的咳嗽声,钟远山不知什么时候回来了,正冷着脸看着钟梅。钟梅吓得赶紧关上了电脑,飞一般地逃回了自己的房间。

三

又一天,钟远山再次锁门离开了家。钟梅还想打开父亲的房门,却已经紧紧地锁上了,简直就是欲盖弥彰。只是钟远山忘了,很久以前,保姆房内曾有一串备用钥匙。钟梅取来了钥匙,打开了父亲的房门。

再打开电脑,QQ的聊天记录空空如也。包括那个好友里的小三都已经不在了。钟梅无奈地打开了写字台的抽屉,却赫然发现,里面有一把乌黑的手枪。这把枪,上次还没有。难道说,钟远山想灭口?

钟梅不知道该怎么办。报警?可是仍然没有证据,反而会打草惊蛇。

钟梅终于想到了一个办法。从医院带回的药有镇静的作用,所以她研碎了那些药,掺在了饮水机内。钟远山回来后,钟梅主动给他泡上茶水。钟远山这一次毫无防备,喝了下去。很快,他就昏睡在了沙发之上。

钟梅偷出了手机,翻开了手机的短消息,一片空白。但钟梅留了个心眼,她把手机的短信记录设置为"云保存"。也就是说,现在即便是钟远山删除了短信,钟梅也能依靠网络的云传输,知道短信的内容。她要从钟远山的手机寻找秘密,从上次的短信来看,钟远山一定在计划着什么。

接下来的时间,钟梅就是要小心地保护自己。钟梅开始学着给钟远山煮饭,洗衣服。钟远山不让,钟梅却抢着做。钟梅甚至违心地对钟远山说:"爸爸,妈妈不在了,以后我们相依为命,我会学着好好照顾你的。"

钟远山吃着钟梅煮的饭菜,眼里忽然就闪现了一丝泪光。

钟梅在心中暗想,鳄鱼的眼泪!

机会终于来了。这天晚上,钟梅正在陪钟远山看电视,钟远山的手机短信音又响了。钟远山立即起身回房,然后准备出门。临走的时候,他亲了亲钟梅的脸颊说:"女儿,你已经学会照顾自己了,要按时吃药。好吗?"

钟梅乖巧地点了点头。

钟远山出了门,钟梅迅速打开电脑,打开云传播的网页。钟远山刚才收到的短信赫然在目:"今天,如果你再不送来五十万,我就把你老婆死的那天的录像交给你女儿了。"钟远山的回复是:"这是最后一次了,你带着行车记录仪的原始录像,老地方见。"

钟梅震惊了,但她瞬间就明白了,母亲死的当天,有人用行车记录仪记录了下来,成了敲诈钟远山的证据,而且敲诈了不止一次。

但更让钟梅震惊的是,那个号码,她记得是前男友李坤的!

钟梅的全身都开始发抖。钟远山的抽屉里,那把枪已经不在了。钟远山肯定是想去杀了李坤灭口。

不管事情是怎么样,反正离真相已经不远了。钟梅再没有片刻犹豫,拿起电话,拨通了报警号码。

四

警察费了好大的劲才找到了钟远山和李坤,不过,找到的只是两具尸体。

李坤的车没有熄火,行车记录仪记录下了一切。钟远山果然是个杀人犯。他从李坤手里接过一个U盘后,就直接开枪打死了李坤,钟远山把U盘装入一个信封后,也拨通了报警电话,然后又开枪杀死了自己。

那个U盘里,有另一段行车记录仪的文件。

三个月前的一天夜里,李坤开车来到钟远山家的门前,钟梅在车前不停地哭诉。李坤吼道:“我们已经分手了,这是我来见你的最后一面,你以后不要再纠缠我了。”

钟梅歇斯底里地大叫:“不,你为什么要分手?你不是喜欢钱吗?等我们结婚后,我可以给你钱。”

李坤邪笑着说:“是的,我是喜欢钱,可我不能娶个疯子。”李坤捋起袖子,露出几道伤疤说:“你是个疯子,你知道吗?你用刀割伤了我,却一点都不记得,我会死在你手里的。”

钟梅怔怔地看着李坤,喃喃地说:“我不是疯子,我不是疯子……”

这时,一个疯女人从钟家冲了出来:“你欺负我家的小梅,我要杀了你!”李坤吓得拔腿就跑,边跑到车上边骂:“果然,你们家都是疯子,老疯子生了个小疯子。”

疯女人看着李坤逃进车里,站在水塘边哈哈大笑,然后又突然指着水塘说:“水,水,我怕水!”疯女人后面的钟梅目光呆滞,突然狠狠地将疯女人推进了池塘,也哈哈大笑说:“老疯子死了,我就不是老疯子生的小疯子了。我不是疯子!”说罢,已瘫倒在地。

疯女人在水里扑腾了两下,没了动静。李坤发动了车,掉头逃跑,行车记录仪在最后一秒捕捉到保姆惊慌失措赶过来的镜头。

信封里还有一封钟远山的遗书:

我知道我不是一个好丈夫,我没能照顾好自己的妻子,而且还有外遇。但作为一个父亲,我爱我的女儿,甚至愿意付出我全部的生命。我妻子死后,我用钱封住了保姆的嘴,不让女儿知道实情。因为她发病的时候,确实不知道做过什么。可是,我却没想到,李坤这个欺骗我女儿的禽兽,竟然又用行车记录仪的录像来勒索我,一次两次三次。到最后,纸肯定包不住火。所以,我才不得已想到了这个办法。我知道我女儿犯下的罪可能不用负刑事责任,但作为一个父亲,绝对不愿看到自己的女儿背负着内疚活一辈子。她的病不重,治疗得也很彻底。我知道她一直怀疑我是杀害她母亲的人,所以,我决定背负这个罪名。我确实是一个杀人犯,但我杀的这个人罪该万死,因为他欺骗了我的女儿。我用生命赎罪,我只希望,警察在处理我的案件时,不要告诉我女儿真相,让她一辈子能平平安安地过下去……

一罐可乐

一

那天傍晚,张可带着八岁的儿子小明在公园闲逛,小明不停地问着一些稀奇古怪的问题,张可在解答儿子问题的同时,也教给他一些做人的道理。小明很可爱,一边喝着可乐,一边使劲地点头。

父子俩选了一处临湖的地方坐下来,休息一会儿。不知什么时候,一个衣着有些破旧的小男孩出现在他们旁边。

小男孩看上去比小明大不了多少,小明给了他一个友好的微笑,可是小男孩却害羞地扭过头去,像是在张望什么。

这本也没什么,有些孩子就是有些害羞,更何况从小男孩的衣着上来看,家里的条件不是很好,孩子的父母在家庭教育上肯定做得不够。

可是随后发生的事,却让张可觉得这小男孩的父母真是太马虎了。

小明在小男孩那里讨了个没趣后,就又开始对张可问东问西。那小男孩却又回过头来,眼睛一眨不眨地盯着儿子的可乐。

小明还小的时候,也馋嘴,别人吃东西喜欢盯着看,一边看一边还流口水。对此，小明没少吃苦头。几次有力的惩戒之后，就再也没这样过。

小明的可乐很快就喝完了，然后懂事地对张可说："爸爸，喝完了，罐子带回家卖钱。"

你瞧，张可把孩子教育得不错吧？不是家里想省那一毛钱，这就是张可对儿子从小的教育成果，既教会了孩子节约，又让他学会了环保。

张可给了儿子一番夸奖，小明咧着小嘴开心地笑了。而在他们身边的那个小男孩，张可能感受到他眼神里的失望，因为小明手里的可乐罐空了，瘪了。

天色渐晚，张可和小明准备离开。谁知张可在起身的时候，被脚下的一个大口袋垃圾绊了一个趔趄。如果不是身边的小男孩适时地扶了他一把，肯定要出洋相。

小明看见这情况，也屁颠屁颠地过来扶他，嘴里还一边抱怨着："是谁这么没公德心呀，乱扔垃圾。"

"小明说得没错，有的人素质就是这么差。"张可牵住了儿子的小手，很有礼貌地对小男孩说了声谢谢，小男孩的脸却一下子红了，什么也没说，就一溜烟地跑开了。

小男孩有些奇怪的举止并没有引起张可的注意，可回到家中，他才发现有些不对劲，他的手机不见了，和儿子出门的时候，他还接过电话的。张可试着拨通自己的手机，可是响了两声之后就关机了。看来，手机真的是被人捡去了，而且还不愿归还。

张可细细地梳理到底会在哪儿丢了手机，一路都很正常，除了那个趔趄。这时，那个小男孩的身影出现在他的脑海中。

难道真的会是那个小男孩？张可不想就这样冤枉一个孩子，可是那小男孩在他道谢后为什么会慌忙地跑走呢？这一切，只能有一个解释，他捡到了张可的手机，心里有些慌，所以跑开了。

二

手机丢了倒没什么，可手机卡里的许多号码没了却着实让人烦心。于是，冥思苦想之后，张可想到了一个办法，虽说不太可行，但还是决定一试。

第二天傍晚，张可独自一个人来到公园的湖畔坐了下来，四处观望。没错，他在等那个小男孩的出现。

果然，不一会儿，昨天那个小男孩又出现在他的视线中，正向着张可的方向走了过来。张可向他微笑，并和蔼地向他招手。

小男孩很听话地过来了，叫了张可一声叔叔。张可一边答应着，一边从身后拿出一罐可乐，向他递了过去。

张可能看出小男孩的眼神里闪过的一丝欣喜和渴望，但随即他还是摇了摇头。

张可蹲下声说："别怕，叔叔是有件事想问你，叔叔昨天的手机丢在了这里，你看见了吗？"说罢，强行把可乐塞在了小男孩的手里。

小男孩高兴地回答："叔叔，原来手机是你丢的呀？在奶奶那儿呢，我这就去给你拿过来。"

小男孩的坦诚让张可有些诧异，本来张可还以为要费些周折的，不曾想，一罐可乐就轻而易举地收买了他。

小男孩蹦蹦跳跳地走远了。不一会儿就回来了，把手机递给了张可。张可接过手机，想把它打开，才发现手机没电了。看来，和张可猜想的并不一样。

就在张可考虑着还要怎么谢谢小男孩的时候，小男孩却又将刚才拿着的那罐可乐递了回来，有些不舍地说："叔叔，这个还给你，奶奶说就算是捡了你的手机，也不能要你的东西。"

张可问他:“小朋友,昨天,你是在这儿捡的手机吗?”

小男孩肯定地点着头。张可有些不解,又问:“是叔叔差点摔倒的时候你捡到的吗?”

小男孩摇头说:“不是,我不知道手机就是叔叔的。后来我又来到这里,就看到了手机。捡到了之后,它好像还响了两下,就没声了。奶奶让我今天还到这里来,看看有没有人找,有人找就还给他。”

张可怔在那里,为自己曾经的猜想而惭愧。小男孩和他说再见的时候,他突然想起什么,追了过去,将手里的那罐可乐又塞给了他。小男孩不知所措。张可说:“小朋友,就当是叔叔和你交个朋友,行吗?”

小男孩拿着可乐,似懂非懂地点点头。然后,他小声地问道:“叔叔,可乐好喝吗?”

张可的心无端地紧了一下,难怪小男孩会盯着儿子的可乐,原来他竟然连这么普通的饮料都没喝过。小男孩看张可若有所思的样子,腼腆地笑起来说:“我问过奶奶,奶奶也没有喝过呢。”

张可不知道该再对小男孩说些什么,只能用手轻轻地拍了拍他的头说:“喝吧,很好喝。”

小男孩却坚定地摇了摇头说:“不,我要回去和奶奶一起喝。”

说完,小男孩就走了。看着他小小的背影,张可的心里有些许的酸涩。

三

再次遇到小男孩是在废品收购站内。小明拎着一大袋的饮料罐,骄傲地对张可说:“爸爸,我要把钱存起来,等到够一百块的时候,就拿出来捐给那些需要帮助的人们。”

张可想该表扬儿子两句了。就在这时,一个老太太带着那个熟悉的小男孩出现了。他们的手上都有一个大垃圾袋,里面也全是饮料罐。明眼人一眼就能看出来,小男孩和他的奶奶原来是捡破烂的。

小男孩看见张可,欣喜地叫了声叔叔,然后就仰起头对奶奶说:“奶奶,就是这个叔叔给我的可乐。”

老太太对张可笑了笑,满是皱纹的脸上如菊花绽放,在嘴里喃喃地说着谢谢。

张可惭愧地说:“不用不用,该说谢谢的人是我。”

寒暄了几句张可才知道,这是一对相依为命的祖孙俩,一直都靠捡破烂为生,生活很是窘迫,孙子放假的时候天天帮着出来捡饮料罐。

走出废品收购站,张可明白了,从一开始他就误会了小男孩。他盯着儿子的可乐罐不是嘴馋,而是为了那仅仅价值一毛钱的可乐罐。那绊了张可一下的口袋也不是没有公德心的人乱扔的垃圾,而是小男孩四处捡来的战利品,所以他才不好意思地跑开。后来,他在回来拿口袋的时候,才捡到了张可的手机。

在回来的路上,张可久久无言。儿子所卖的饮料罐,全是他自己的“杰作”;而小男孩所卖的饮料罐里,除了张可曾“收买”他的那一听可乐,其他的饮料他又喝过几种?

爱惹祸的狗

李南今年十岁，他一直想养一条小狗，可是爸爸不同意，所以李南的这个愿望一直没有实现。

这天是星期天，爸爸开车，带着全家人回乡下看望奶奶。车子行驶在乡村公路上，李南突然尿急，爸爸只好找了个偏僻的地方停车。李南下车后，发现路边的草丛里蜷缩着一只小狗，可怜巴巴地看着他。

李南去车里取来了饼干，小狗狼吞虎咽，看样子是饿坏了。小狗吃完后，不停地向李南摇尾巴，李南高兴极了，对爸爸说："小狗好可怜，不如我们带回家去养吧！"

爸爸一愣："那怎么行？小区里不准养狗，你又不是不知道。"

李南委屈地看着小狗说："可这儿这么偏僻，如果我们不救它，它肯定会饿死的，你平时不是教我要有爱心吗？"这时，小狗仿佛已经把李南当成了好朋友，围在他的脚边转圈撒欢呢。

爸爸一时不知道怎么回答，好在这时妈妈说话了："要不这样吧，我们把小狗带上，养在奶奶家，这样既救了小狗，又可以让小狗平时帮奶奶看家。"

李南一听，一把抱起了小狗，并在第一时间给小狗起了个名字，叫"淘气”。

到了奶奶家,李南先帮淘气洗了个澡,然后去厨房夹了两块自己最爱吃的红烧排骨,喂给淘气吃。淘气吃了排骨,立马精神起来。李南开心地和淘气玩了整整一天。

吃过晚饭,爸爸要带李南回城里,李南对淘气依依不舍。临上车的时候,李南对奶奶千叮咛万嘱咐,一定要把淘气喂好,千万别把它饿着了。奶奶笑着说:“放心吧,奶奶吃什么,它就吃什么。”

转眼两个星期过去了,李南迫不及待地再次来到了奶奶家,可在看到淘气的一刹那,他愣住了。只见淘气正无精打采地睡在门前,脖子上锁了个铁链。淘气看到李南,一骨碌爬了起来,扑向李南,可是却被链子拉住了。

李南气呼呼地去问奶奶怎么回事。奶奶笑着说:“它已经咬死三只小鸡仔了,要是再不锁起来,到时候,奶奶可就没有柴鸡蛋给我孙子吃了。”

李南气不打一处来,吼道:“我才不爱吃鸡蛋呢!”说罢,就解开淘气脖子上的铁链,又从厨房找来红烧排骨,一边喂一边安慰淘气:“淘气乖,我保证再也不让奶奶锁着你了。”淘气眨巴着小眼睛看着李南,像是听懂了一样。

临回城前,李南再三对奶奶说,不要再把淘气锁起来,奶奶只好答应:“好好好,奶奶一定不再把淘气锁起来了,好吗?”李南这才满意地点点头,放心地回了城。

可是没过两天,李南放学回来,爸爸很严肃地对李南说,淘气又闯祸了,而且这次祸事闯得不小,所以爸爸决定把淘气送走。原来,淘气不再被锁着后,跑去村头的李大爷家偷吃腌肉。李大爷来赶它,它反倒狠狠地咬了李大爷一口。

李南这下傻了眼,早知道还不如让奶奶把淘气锁起来,可现在说什么也晚了,李南只好小声地对爸爸说:“可不可以再给淘气一次机会?”爸爸摇了摇头说:“不行!”

李南的泪一下就涌到了眼眶，他用恳求的口气说：“那能再让我和淘气玩一天吗？”爸爸看着李南，犹豫了片刻，才默默地点了点头。

到了星期五，李南放学回来，正在上网的妈妈叫来李南，指着网页上一张小狗的相片，问是不是淘气。李南一看，果真就是。妈妈惊叹道：“想不到淘气竟是个富贵种。”李南这才知道淘气竟然是一只走丢的宠物狗，主人正在焦急地寻找它呢。

看了这个启事，李南又高兴又伤心，高兴的是淘气终于找到了主人，有了好去处；伤心的是，这下他和淘气真的要分别了。爸爸也挺高兴，当即就打电话给淘气的主人，说可以把小狗还给他，但是要等到这个星期天过后，对方连连感谢。

可是星期六下午，奶奶突然打来电话，说淘气可能生病了，呕吐不止。李南的爸爸一听，就要赶过去，要是淘气在这节骨眼上死了，还真不好给人家交代。李南也非常着急，央求爸爸带上他一起去。爸爸答应了李南，立即出发了。

到了奶奶家，淘气已经又被拴了起来，躲在一个角落里，病怏怏的没有精神。李南走过去，摸摸淘气，淘气只发出呜呜的声音，很委屈的样子。

爸爸是医生，询问了奶奶几句，又给淘气诊断了一下，终于找出了病因。淘气是吃了奶奶买的火腿肠，食物中毒了，处理一下应该没事。果然，爸爸喂淘气吃了一些药，淘气又慢慢恢复了生气。

到了吃晚饭的时间，李南首先想起了淘气，又去厨房给淘气找红烧排骨。可是厨房里除了一碗咸菜和一个刚刚做好的炒鸡蛋，哪里有一点肉的影子？

他跑去问奶奶：“奶奶，今天怎么没有红烧排骨？”

奶奶讪讪地说道：“今天我不知道你们要回来吃饭，没有准备红烧排骨。”

李南不高兴地说："那你平时就给淘气吃这些？"

奶奶说："奶奶吃什么，淘气就吃什么啊。"

李南生气地大声说："难怪淘气会咬小鸡、偷人家的肉，原来奶奶你虐待它！"

奶奶叹气说："唉，平时就奶奶一个人在家，做了好吃的，又吃不完，所以是简单了些。昨天奶奶买了些便宜的火腿肠，喂给淘气，谁知却成了这样。其实奶奶应该感谢淘气，要不然等淘气走了，奶奶吃了那些火腿肠，不也得生病吗？"

李南还想再说什么，而这时，爸爸从门外走了进来，看着年迈的奶奶，眼里含满了泪水。李南不解地问道："爸爸，你怎么哭了？我答应你，这就把淘气还回去，行吗？"

月亮粑粑

一、香香回乡

良风村最近出了一件新闻，被拐卖的傻女香香找回来了。

香香是在三年前被拐走的，那年她十九岁。像香香这样有点智障的女孩，一颗糖果就可以把她哄得乱转，更别说精明的人贩子了。香香失踪之后，她的独身母亲天天在村里像叫魂一样叫着香香的名字。可是香香在哪里？没有人知道。

香香的母亲泪也哭干了，嗓子也喊哑了，村里人劝她去报案，可是过去了大半年，还是没有音讯。

不久之后，香香的母亲竟然也失踪了。

过了一年有余，村口突然来了个蓬头垢面的叫花子老太婆，有同情她的人给她一点残羹剩饭，老太婆操个沙哑的本地口音说谢谢。施舍的人这才认出来，她就是香香的母亲。

不难理解，香香的母亲是出门找香香去了。可是一个老妇人，在外根本找不到营生，找人又一直漂泊不定。所以，她只有乞讨。

香香的母亲回村后,就彻底绝望了,开始变得有些痴呆。往那儿一坐,眼神就直直地看着远方,嘴里哼着一首儿歌。上了年纪的人都知道,这是香香母亲小时候经常唱给香香听的那首儿歌:月亮粑粑,照进她家……

一直以来,当人们对那个痴呆的老太婆都习以为常之后,她的病却一下全好了。原因很简单,香香找回来了。警方抓获了一个贩卖人口的犯罪集团,顺着线索就找回了被拐卖到边远山区的香香。

香香被公安局送回来的那天,村里接到了通知,许多人等在村口,边看热闹边聊天。只有香香的母亲,脸上神色激动又焦急,踮着脚不停地向远处张望,恨不得能长个千里眼,看到百公里以外。

终于,警车开到了村口,香香从车上走了下来。香香的母亲一把扑过去,抱住了香香。香香脸上的表情有些麻木,像是没有反应过来。香香的母亲不停地摸着香香的脸蛋问长问短,香香愣愣地看着母亲,喃喃地问了句:"妈妈?"

香香的母亲不停地点头,眼泪止不住地奔涌。香香终是没有傻到连自己的母亲也不认识了的地步。

香香认出母亲之后,像个在外受了许多委屈的孩子,又一把扑到母亲的怀抱,放声号啕起来。香香的母亲脸上还挂着泪,又反过来不停地安慰着香香:"香香乖,香香不哭!"

香香哭得肆无忌惮,本来,她的智商就是个孩子。香香在母亲的怀里一边哭一边哽咽:"妈妈,你不能不要香香了,香香好可怜,他们打我!"

香香母亲嘴里不停地说着:"妈妈错了,妈妈不应该把香香丢了。妈妈再也不会不要香香了。"香香母亲的老泪再一次流了下来。由此可见,香香在外面受了不少苦。

村里人见到这样的情景,不禁都赔上一把同情的眼泪。至此,算得上是一个相对圆满的结局了。警察适时地交代了几句,也开着车远去了。

二、香香惹祸

香香回村之后，还是像往常一样四处在村里转悠，只是不再像从前一样见人就笑。偶尔村里有好心的人给她一颗糖或是一个水果，她却害怕的掉头就跑，边跑嘴里还边叫着："骗人的，骗人的。"

有时，也会有人问香香："香香，这几年，你到哪里去了啊？"香香一听这话，目光就变得遥远起来，像个心智健康的人，若有所思的样子。但是，她不再回答别人的问题。

日子还是像村前小河的流水一样静静地流淌，可不久后的一天，香香却惹祸了。

那天，老李头带着刚刚两岁的孙子在村头下象棋。当时的棋局可能陷入了鏖战状态，老李头皱着眉陷入了沉思，等到他艰难地解开了棋局，得意地四处环顾之时，却发现小孙子不见了。那盘必胜的棋老李头也顾不上下了，他开始四处寻找孙子。渐渐地，他的声音变得似曾相识，像极了香香母亲当年的呼喊，焦急、无助、带着一抹哭腔。

从午后到黄昏，老李头在短短的几个小时内就被折磨的变了形，形如枯槁。这件事惊动了老李头所有的家人和整个村子。大家都来帮忙寻找，池塘边，沟渠内……

事情在最后出现了转机。没错，是香香。那天中午是香香偷偷带走了老李头的孙子，被村里的另一个稍大点的孩子看见了，如果不是这个孩子说出来，谁也不会想到一个傻女会偷走老李头的孙子。

香香把孩子藏在自己的房间里，在他的面前堆满了许多好吃的。刚开始，孩子还美滋滋地咧着小嘴看着满桌子的糖果，很开心。可过了一会儿，孩子就放声大哭起来，要妈妈要爷爷。香香就慌了手脚，不停地哄着孩子，孩子不买账。香香想尽了办法，还是没用。香香甚至撩起衣服，试着去奶孩子，已经断奶的孩子毫不留情地在香香的乳头上留下一个深深的牙印。

最后，孩子还是哭累了，睡着了。

人们找到香香家的时候，孩子正在熟睡，而香香则痴痴地坐在一边，直愣愣地看着孩子，嘴里哼着那首儿歌：月亮粑粑，照进他家……

虽然这个转机给了老李头失而复得的狂喜，但之前的饱受惊吓却让他倍感恼火。老李头找到了村委会，说香香跟着人贩子学会了“诱拐”。村委会的人只有一番好言劝说。毕竟香香是个傻女，行事不合逻辑情有可原，也没造成什么恶劣的后果。老李头宣泄了胸中的怒气后，就没再深究。过后，村委会责令香香的母亲一定要严加看管，并吓唬着说，下次再发生这样的事情，就要把香香送到精神病医院去。

香香吓得躲在一边不敢言语。香香的母亲刚开始还想辩解，可听到后来这句话，只有在嘴里小声地嗫嚅着：“我的香香不傻，我的香香是个好人！”

三、香香失踪

“诱拐”风波平息后，香香确实平稳了一阵子。

深秋天凉，香香的母亲给香香购置了保暖的新衣，要香香穿上，香香直愣愣地看着母亲，突然就哭了起来。

香香的母亲还没问为什么，只见香香拿上新衣飞一般地跑了出去。

香香径直跑到了老李头的家门口，闯了进去。老李头一见香香，赶紧抱着孙子要让开。可是香香却不管不顾地要去抢孩子，吓得老李头连连躲闪。

老李头喝令香香让开，可是香香却一边指着新衣一边对老李头说：“冷！宝宝冷！”

拉扯中，老李头怀里的孙子吓得哇哇大哭，惊动了老李头家里的人。老李头的儿子出来一看，见傻女香香正在抢自己的儿子，赶紧冲上去推开了香香，并把她赶出了院门。

被关在院门外的香香并没有离去，她瘫坐在老李头家的门口放声大哭。

老李头的儿子只好又来赶香香，并握起拳头示意，再回来就要打她了。可是，不一会儿，香香却又回到了院门口，可怜巴巴地对着院里张望，不敢再进去，嘴里还是不停地说着："冷，宝宝冷！"

这场闹剧一直延续到村委会的人领着香香的母亲到来为止。

香香被母亲带回了家，可老李头一家人却拦住了村委会的人，说无论如何要想个办法，要不然，还不知道这个傻女会做出怎么样对孩子不利的事情。

村委会的人只好无奈地说晚上去香香家做做她母亲的工作，看看能不能把香香送到医院治疗一段时间。

晚上，村委会的人真的去了香香家。香香的母亲刚开始还不停地道着歉，可是当村委会的人当着香香的面提到要送香香去医院的时候，香香的母亲脸色立刻就变了说："我家的香香没病，谁也别想带走她，香香不能没有我，我也不能没有香香。"

躲在一边的香香无辜地看着母亲。

老妇人这般护犊，大家只好不停地劝说。可香香的母亲却油盐不进，说干了嘴也无济于事。大家只好无功而返。

第二天，村委会的人又来了，刚刚进村，就听到了香香母亲的哭嚎，和三年前香香被拐走后的情景一模一样。

香香的母亲一看见村委会的人，就像疯了一样扑了上来，嚷着是他们把香香偷偷带走了，让他们赔她的香香。幸亏乡亲们拉得快，村委会的人才免遭被袭的尴尬。

香香又一次失踪了。

四、寻找香香

三年前后一切又重演了，香香的母亲很快也失踪了。不用说，她又一边要饭，一边去寻找香香了。村里的人议论着，但愿这一次，香香的母亲很快就能找到香香，因为跟得及时，香香就算是又被拐走，或是被哪个山区的买家绑走，可能还没走远，还能找得到。

很快一个月过去了，香香家老屋的门依然紧锁着。

又过了一个月，要饭的老太婆衣衫褴褛地回来了，一个人。老太婆声音嘶哑，目光呆滞，让人看着颇为寒心。

再次痛失女儿的母亲心智可能已不再清明，她开始每天去村委会哭诉、哀求，要村委会把香香还给她。她这样做的原因很简单，就是因为香香失踪的前一夜，村委会的人去了她家，并要求将香香送走。

村委会的人很是同情香香的母亲，可是却又觉得她这样总是闹下去也不是事情，最后大家商量着决定，帮助她去寻找香香。

茫茫人海，寻找一个失踪的傻女不是一件容易的事。

于是村委会决定向公安求助。

公安局的警察一听，就责怪怎么不早来报案，被拐卖人口二度失踪的案子很多，大半是被原来的买家又绑了回去。村委会的人讪讪的，并没有解释香香母亲寻亲的偏执。

警察调出了香香上次被解救出来的档案，找到了香香被拐卖的地址。现在唯一的办法是先去那里看一下，如果有可能，就实施二次解救。

就这样，一行人开着车去了那个陌生的偏远山区。

路很远，香香的母亲坐在车上，无比安静，和之前哭闹的那个老太婆判若两人。

步行通过一条崎岖的山路,一行人终于到达了目的地。

推开一道窄窄的柴门,大伙儿果然看见了香香正转身从院子进了屋里。不一会儿,从屋里出来一个中年男子。中年男子一见穿警服的上门,脸都白了。警察上前就问:“刚才进屋的是什么人?”

中年男子吞吞吐吐地说:“我,我老婆。”

警察又厉声问道:“不对吧?你知不知道买卖人口是犯法的?”

中年男子一听这话,吓得更加哆嗦起来:“她,她不是我买的。不不不,以前是我买的,可,可是后来她又自己跑回来了。”

警察依然质问道:“自己跑回来的?别以为我们不知道,以前你还经常打她,虐待她,她会自己跑回来?”

中年男子又结巴着辩解道:“不信,不信你们自己去问她吧!”一边说一边着急地指着屋里。

中年男子对着屋里正要喊,香香却从屋里走了出来,对着大伙儿竖起指头,做了个“嘘”的动作。大伙儿不明就里的看着香香。香香轻轻地笑了起来说:“宝宝在睡觉呢!”

香香的母亲一步上前,牵住了香香的手:“香香,你怎么又到这里来了?”

香香笑着说:“天冷了,我回来给宝宝加件衣服呢!来,我带你去看看宝宝。”

香香的母亲被香香拉进了屋。不一会儿,屋里传来了香香若有若无的唱歌声:月亮粑粑,照进他家……

大伙儿你看看我,我看看你,仿佛都已经明白了是怎么一回事。可是,他们却怎么也想不明白,一个智障的傻女,又是怎么凭着自己的能力,找到了这个偏远的山村来的呢?

寻找爱心大使

这是一个美好的季节,S市媒体组织的"献爱心、捐善款"活动正如火如荼地进行着。当天,当地主流媒体都以"寻找爱心大使"的题目报道了这个事件,说有一个生活已经很窘迫的老人,为了献出自己的一份力量,把自己平时舍不得吃穿的攒下的积蓄捐出来,虽然这些积蓄只是些零钱,老人可能是个农民工,也可能是个捡破烂的,但不管怎样,这份爱心却是真实的。

媒体在呼唤更多爱心的同时,也希望能够寻找到这个不愿留名的好心老人,让他能成为这座文明城市的爱心大使。老人匆忙离去的背影也频频出现在报纸和电视上,成为一面爱心旗帜。

果然媒体的大力宣传和报道给这次活动起到了推波助澜的作用,市民们又开始了新的一轮捐赠高潮。

与此同时寻找爱心大使也成为人们关注的焦点,爱心大使到底是谁?他为什么还不露面?既然如此有爱心,为什么又不愿意出面将爱心继续下去?

捐赠活动就要结束了,这是一次圆满的爱心活动,但人们关于爱心大使的疑问还没有答案。

最后一天的傍晚，捐赠台前只剩下媒体的工作人员在统计善款和捐赠物品，准备结束这次活动。

这时一辆黑色的轿车停在了不远的地方，车牌号是88888，工作人员都知道来人是王百万，但没有人明白这个曾在媒体上臭名远扬的偷税大户来这儿干什么，没准就是想捐两个臭钱买个慈善家的称号。

果然不错，王百万快步来到了捐款台前，拿出一张支票，当场填下了一个令人咋舌的金额，数目甚至超出了他这些年偷税漏税的总额。

王百万拿着支票准备放入捐款箱，突然又想起什么似的，说："各位，你们能不能专门报道一下我捐款的事？"

所有的工作人员都露出不屑的表情，这个沽名钓誉的家伙，真是惺惺作态。但想想他捐款的数额，又不好直接拒绝。

这时，主持活动的电视台主持人机灵地说："王总，我们这次举办的捐款活动全属自愿，是不附加任何额外条件的。"

话说得非常明白，钱你可以捐，但如果让我们给你做门面报道，没门儿。

谁知王百万还不肯善罢甘休，他摘下帽子露出秃头，说："那我要是告诉你，我就是你们要寻找的那个爱心大使，你们会不会给我报道呢？"

聪明的主持人反应很快，他想，媒体上只说了爱心大使是个老头，没说是秃头啊，王百万为什么要摘下帽子露出秃头呢？难道有工作人员被收买了，故意透露了这个信息？

主持人微笑着对王百万说："王总，你别逗了，爱心大使捐的是爱心，和你捐的支票怎么能比呢？"

王百万露出了羞愧的神色，但他还是将那张支票投入了捐款箱："我明白大家都看不起我，但我真的就是你们要找的人，我想让你们给我做报道不是为了给自己扬名，而是要把自己当成反面教材告诉全市人民，爱心真的就在我们中间。"

大伙儿越听越糊涂,爱心大使怎么会是反面教材?这王百万又在想什么点子?

主持人只好问:“那你能说说这到底是怎么回事吗?”

王百万深吸了一口气,开始叙说事情的原委。

被税务局查出偷税漏税后,王百万一心想找人减免一些罚款。这天,他请有关人员吃饭,为了不走漏风声,连司机也没带,也没开车。吃过喝过,又去唱歌和蒸桑拿,一直到深夜。

王百万刚出桑拿馆的大门,因为酒劲发作,没走几步就倒在了街边的墙根下。

这一醉,一直到第二天天亮,王百万从地上爬起来一看,自己一身的秽物和灰尘,与睡在大街上的乞丐没什么两样,更可笑的是,他的帽子也不见了,再回头一找,帽子就在身边,而且里面还装了许多零钱。看来,街上来往的行人真的把这个蜷缩在街角的秃头当一个老乞丐了。

大伙儿听到这里觉得真解气,谁让你这么处心积虑地逃避惩罚呢!

王百万有点难堪地自嘲:“其实,那次捐的零钱不是我的,全是别人丢给我这个老乞丐的。”

主持人又问:“那什么原因促使你今天站在这里呢?”

王百万说:“那天看见你们做活动,我就势处理了那些零钱。钱毕竟是好东西,不能浪费啊。我也是个苦孩子出身,只是这些年不知为什么,生意越大心越贪。偷偷地跑回家后,想起那些人扔给我的零钱,心里总感觉不是滋味。我问自己:发财后什么时候帮助过别人?答案是没有。后来,你们天天宣传寻找爱心大使,看到电视上和报纸上自己的背影,我更加惭愧。虽然别人不知道那个人是我,但我时时刻刻被这个称呼折磨着,良心的谴责让我夜夜难以入睡,所以我来了。”

主持人问:“这么说,你真的就是我们寻找的那个爱心大使?”

王百万情绪有些激动，眼睛明显地湿润了："我知道我不配这个称呼，我想让你们给我报道的主要目的是，我想向社会认个错，向那些曾关心过一个老乞丐的人认个错。我捐钱不是为了买名声，我是真心实意捐款的。还有，我所偷漏的税，已经全部补交齐了，所有的罚款，也都认了。我虽然不是真正的爱心大使，但从今天开始，我一定会努力找回自己曾丢失的爱心，反思这些年，我为了钱活着，真累！不管大家怎么看我，吐完心中的这些秘密，我心里压着的石头总算是搬开了。"

不知谁先开始鼓起掌，接着全体工作人员的掌声都响了起来。

后来，王百万通过自己的努力，成了真正的爱心大使。

宝贝藏哪儿了

这天下午,一位白发苍苍的老爷子独自走进了春谷县的殡仪馆,他颤巍巍地来到接洽处说:“同志,我想办理火化手续。”

工作人员见来办丧事的只是一个孤寡老人,以为肯定是家里出了什么不幸的事,于是赶忙起身,和气地问道:“老爷子,请问您是来帮谁办理火化手续啊?”

老爷子愣了半晌,喃喃自语地说:“帮我自己……”

帮自己办理火化手续?这算什么事?办理火化手续要死亡证明,可老人还活生生地站在这里,怎么办?工作人员哭笑不得,只好让老爷子坐下,先喝口水再说。老爷子坐了下来,慢慢说出了原因。

老爷子姓李,老伴死得早,两个儿子又都去了城里成家立业。两个儿子住的城市离老李头都不远,于是一个让他去铜陵住,一个让他去芜湖住,可老李头都不能去,并不是老李头不愿去城市,而是因为大儿子在铜陵,却偏让他去芜湖,二儿子在芜湖,却死活让他去铜陵。等于两个儿子都不愿照顾老李头,所以,老李头只能一个人守在农村。

前一段时间,老李头感觉不适,去看医生。医生告诉他病情不是太好,让他叫儿子回来商量,可是两个儿子都说很忙,一个也没来。最后,医生只好对老李头实话实说,最多只能活半年了。两个儿子看来是指望不上了,于是老李头就想来殡仪馆提前办理火化手续。

“即便是这样,这手续也办不了啊。”工作人员同情地说道。

“我不会让你们空跑一趟的,放心吧。”老李头目光浑浊地望着窗外说到。

老李头的想法让人又吃惊又心酸。老李头的意思是,他已经选好了日子,等到那一天,他就会自己结束生命,这样殡仪馆的人直接去把他接来,他也不会落得死了没人知道,无人料理后事的结果。

听到这里,工作人员再也忍不住怒气,拍桌骂道:“老爷子,你应该去法院告你两个儿子,不赡养老人是有罪的。”老李头苦笑着摇了摇头说:“这天下,哪有父亲告儿子的? 我自己来办这些手续,帮他们也省点事。省得到时候,两个人又你推我,我推你,反而伤了他们兄弟和气。”

工作人员这下傻了眼,只好好言将老李头哄回去。

老李头出了殡仪馆,一个老头跟了上来。这老头姓杨,是殡仪馆的火化工。老杨头叫住了老李头说:“李大哥,我倒是想了个办法,不知道你愿不愿意试一下?”

说完,老杨头从兜里掏出一颗圆圆的石头,对老李头说:“这颗珠子,到夜里就会发光,你就拿着这个珠子告诉你的儿子们,说这是个宝贝,如果谁能给你送终,你就把珠子传给谁。”

老李头听完连连摆手:“我哪能要你的东西呢。”

老杨头把珠子硬塞到老李头的手里说:“这东西本来我也是无意中得到的。如果能帮到你,也算是做了件好事。”说罢,老杨头又要了老李头的电话号码,说以后他会常常给老李头打电话,如果哪天要是没人接,他就过去看一下是什么情况。

老李头听到这里，不由得老泪纵横，还想说什么，老杨头却已经转身进了殡仪馆。

单说老李头，拿到珠子后，非常感谢老杨头，但还是有些犯嘀咕，这珠子是不是真是宝贝啊？要说两个儿子，都是人精，弄个假宝贝，可不好糊弄他们。说来也巧，老李头路过县城的时候，正好省电视台有个节目在民间寻宝，来到了春谷县。

老李头抱着试试看的心思，就把那颗珠子拿出来让专家们看一下。这一看不要紧，一下子把所有的专家都吸引了过来。经过专家一番鉴定，这真是一颗罕见的夜明珠，而且年代久远。专家当场也试验了，只要把它放在没有光线的地方，很快就会发出荧荧的光芒。保守估计，这颗夜明珠至少价值几百万。能在这个小县城寻到这种宝贝，可不简单。

当天，老李头就上了电视，随后就在省台播出。节目播出的第二天，两个儿子都破天荒地主动打电话，在电话里惊喜地问老李头，家里有这么个宝贝怎么一直藏着不说。老李头如实回答，说是别人给的，既然这么值钱，就应该还给人家。两个儿子一听这话，连连阻挡，都说既然是别人给的，就属于李家，怎么处理，等他们立马赶回来商量。

老李头丢下电话长叹一声，其实他一直在等老杨头的电话，本来说好的，怎么这几天老杨头都没打电话来？正在这时，电话响了起来，正是老杨头。

其实老杨头是个真正的孤寡老人，无儿无女，从来不用电话。那天老李头走后，他才去买了个新手机，办了张新卡，到今天才算是学会了打电话。

老李头在电话里把夜明珠的事直接告诉了老杨头。老杨头却在电话那端哈哈大笑，说那珠子果然是个宝贝，这样就更能唤回老李头两个儿子的心了。当时，他只是拿着珠子想让他试试这个办法成不成的，也没想到能值这么多钱。

老李头犹豫一番说，两个儿子都在回家的路上了，他想抓紧时间把夜明珠还给老杨头，他不能要这么贵重的东西。

老杨头长长地叹了一口气说道：“李大哥，我们都这把年纪了，再好的宝贝要着有什么用？你还是留着，哪个儿子给你送终，你就把它传给谁，也省得我天天要为你担心呢。”

老李头感激地不知道该说什么好。老杨头在电话那端只是轻轻地叹了口气说：“我一辈子孤独惯了，你的遭遇我是实在看不过去，所以才想着要帮你的。你放心吧，我送出去的珠子，绝对不会再要了。”

当天夜里，老李头的两个儿子都赶了回来。他们一进门，根本没询问老李头的病情，而是为了珠子的事吵了起来，不可开交。老李头无奈，只好用老杨头说的方法，谁送终，珠子就传给谁。

就这样，两个儿子都不吵了。但各自还是提防着对方给老李头灌迷魂汤。他们都请了长假回来，对老李头寸步不离，“无微不至”的照顾着。

老李头一辈子没享过两个儿子的福，如今，两个儿子却同时都在身边，你不放心我，我不放心你。老李头真是又好气又好笑。但是想想自己时日不多，只有随着他们胡闹。

半年的时间很快过去了。老李头的身体一天不如一天，整日卧床不起。这天夜里，终于撒手西去。

老李头一死，两个儿子的第一件事，就是开始不停地寻找夜明珠，可是他俩把家里每个角落都找遍了，却依然没有夜明珠的踪影。前两天，还看到卧床不起的老李头把夜明珠拿出来，直愣愣地看了半天。最近根本没有闲人来过，老李头到底把夜明珠藏在了哪儿呢？当初要不是忌惮对方，两个儿子可能早就从老李头手里抢过来了。现在老李头过世，按理说要传给两人，就算均分，至少每人也要得一笔钱财吧。

在春谷县，人死之后，要点长明灯。可两个儿子为了找到夜明珠，哪里还管这些风俗,他俩把家里的灯全都关了,在一片漆黑之中寻找,可依然一无所获。

找了两天,两人终于泄了气,开始怨恨起老李头来。这时,一阵突兀的铃音打断了他们的咒怨,是老李头的电话响了,电话是老杨头打来的,他想问问老李头的情况。两个儿子正气不打一处来,殡仪馆又打来电话,他们索性告诉老杨头:“人已死了,明天你们来收尸吧。”

当天晚上,两个儿子都赌气离开了老李头,各自回了家。还边走边骂:“让你藏夜明珠,你的丧事都不帮你办!”

第二天,老杨头来到老李头的住处,看着冰冷而又孤独的老李头,无人照管,不由得摇头不已。

老李头终于被老杨头送进了焚化炉,焚化炉内熊熊的火焰升起,老李头再也不用受人间疾苦了。

在处理老李头的骨灰时,老杨头在老李头的胃部捡到了一颗珠子,仔细一看,正是他送给老李头的那颗夜明珠。

老杨头一声长叹:“李大哥,想不到我在焚化炉里捡来的一颗珠子,竟然又回到了这里,这到底是为什么啊?”

第二辑

现实篇

第二辑

别拿生活当戏演

那天早上，王汉接到通知，周胖子被要债的堵在办公室里了。王汉戴上安全帽，匆匆赶到“好而优”商厦的工程部，果然，门口围了好多人，个个怨气冲天。

王汉费了老劲才挤到了办公室里，几个材料商和商铺买主正围着周胖子叫嚣着，不还钱今天就不让走人。王汉也不说话，分开众人，走到周胖子面前，掏出一块板砖，照着他头顶就拍了下去。一边拍一边还恶狠狠地说：“我让你不给钱，让你连我们农民工的血汗钱也想赖账！”

板砖裂成两块，掉落在地。周胖子“哎哟”一声捂住了头，血顺着他的指缝流了下来，瞬间流满了整个脸部。不一会儿，周胖子全身痉挛，两眼翻白，直挺挺地躺在老板椅上。

所有人都被这一瞬间的变故弄蒙了，吓得纷纷躲开，现在的农民工，脾气怎么都变得这么大了？

王汉还傻乎乎地梗着脖子站在那儿，周胖子的司机李老五一见，赶忙上前扶住了周胖子，然后冲着王汉大喝一声：“还愣着干什么？先救人要紧。”

王汉这才反应过来，仿佛也知道自己闯了大祸，上前配合着李四，一人一边架着周胖子的胳膊，挪向了门口。要债的人群自动分开一条路来，谁也不想靠近一步，惹事上身。

好不容易把周胖子塞进了车后座，李四又把王汉也推进了车，恶狠狠地说："你和我一道，别想跑。"说罢，李四进了驾驶室，发动了车，然后放下车窗，对还在发愣的众人说："我这就去医院救人，你们谁帮忙报个警。"说罢，驶离了人群。

走开出没多远，一直沉默的王汉回头看了看，然后回过头来狠啐了一口，骂道："李四，你是不是想害我，还让人报警？"

李四嘿嘿一笑："我不是为了演戏的效果嘛，这帮讨债的，叫痛快还来不及呢？会主动报警？再说，就是李局长带队来了，和我们都是老熟人了，怕什么。"李四的话还没说完，就挨了一巴掌。打他的不是别人，正是瘫倒在后座的周胖子，周胖子一边擦着身上的血迹一边嘟囔："你什么意思？是咒我没人缘吗？演得好？你演得比我演得还好吗？要不是我装的逼真，这帮家伙会放我走？"

王汉看着争吵的两人，摘下安全帽，在鼻子里哼了一声说："你们都别忘了，我才是真正的演员！"

没错，那王汉本身就是一个演员，平时跑跑龙套混口饭吃。最近，他发现了一个生存之道，生活中到处有人需要演员救急。比如这次李四临时打电话求救，王汉要价五千元，让李四偷偷告诉周胖子怎么做，串通好这出戏，他演一个愤怒的农民工解周胖子被困之急。

车开到僻静处，王汉伸出手来要钱，李四用下巴指了指周胖子。周胖子一听说钱，脸立马白了："兄弟，我要是有钱，还会挨你这一'板砖'？你那一下可真不轻。"

王汉一听就急了："没钱？没钱叫我来演什么戏？那板砖和血浆，可都是花钱买来的道具，也要成本的。"周胖子讪笑着说："兄弟，要不等明儿你和那帮债主一道来?”

这叫什么事儿?忙活了半天,和外面那些挤着要债的人竟然是一样的。王汉的眼直了,可一时又想不出好办法,只好让周胖子写一张欠条,留个凭借。

周胖子也没拒绝,抽出一张便签,随手签上了大名说:“兄弟,借条这儿暂时没有,这张空白便签你留着,什么时候等我周胖子有钱了,你随便填个数,我把钱给你结了。”

王汉有点哭笑不得,周胖子的话越来越不靠谱了,把便签条当空白支票用呢。周胖子的肥脸上依然堆着笑,可嘴角却有点上斜,分明带着一丝嘲弄。

王汉正想分辩,周胖子的电话响了。周胖子一看电话,立马在唇边竖起了一根指头,让王汉噤声,然后满脸堆笑的接起了电话。电话中,王汉也听出了点眉目。电话是一个叫李局长打来的,听说了案情,在询问周胖子的伤势和行凶民工的情况呢。周胖子圆滑地周旋了过去,说是家里的一个堂兄,纯属家务事,也就是一点皮肉之伤,不碍事。

挂断电话,周胖子得意地指了指手机对王汉说:“兄弟,还真有人报了警。我够意思吧,公安局的李局长打来的电话,他和我可有交情。要不是我帮着你说话,你砸我的这一板砖,可够你受的!”说罢,也不管王汉脸上的表情,就让李四开着车,扬长而去。

王汉回来越想越气,可不能就这么算了,这事还得找李四,王汉和李四以前就认识,又是他牵的头,不找他找谁?

过了两天,王汉拨通了李四的电话,李四还没等王汉开口,就连连解释那钱不赖他,是周胖子的事。王汉没好气地说,上次的事就算了,但为了补偿损失,这次要李四帮忙销几千块的加油卡,价格可以对折。

李四一听,卖了人情还有便宜赚,立马调转话头,答应这就过来取卡。

李四刚一进门,王汉就手持一把尖刀,顶在了李四的胸口。这可把李四吓蒙了,可看着王汉凶狠的表情,又不像是假的。李四哆嗦着问王汉加油卡的事。王汉冷冷地打断了他:"李四,你把哥们当猴耍呢。我还给你加油卡?今天,你要是不把钱拿出来,就白刀子进,红刀子出!"

李四苦着脸说:"兄弟,我这不没带钱吗?我本来想等拿到卡,卖掉了再给你钱。"王汉想了想:"放过你也行,但你要告诉我周胖子住哪儿,我去找他。如果你不说,就别怪我不客气。"

李四见王汉都动刀了,赶紧竹筒倒豆子,痛痛快快地什么都说了。王汉这才收回尖刀说:"如果你事先通风报信,我回头还来找你!"李四连连点头,答应什么都不说。

当天晚上,王汉来到周胖子的住处,摁响了门铃,开门的正是周胖子。周胖子一见王汉,先是一惊,随后又堆起了笑脸:"兄弟,你怎么找到家里来了,就那点小钱,至于吗?"

王汉苦着脸说:"周总,我这是走投无路,我老婆现在住院费都交不起,你就帮帮我吧。"周胖子扑哧一声笑了起来:"别演了,谁不知道你是演员。要钱,还真没有。"

王汉见周胖子一副死猪不怕开水烫的样子,只好拔出了那柄尖刀,哭丧着脸说:"这可是你逼我的。"周胖子吓了一大跳,惊叫起来:"你可别胡来,我和公安局的李局长可是朋友,你要闹出什么事,我可让你吃不了兜着走。你想想,我欠这么多钱都没被抓,还不是靠他罩着?"

谁知王汉根本没理那茬,突然把刀尖对向了自己的大腿,也不说话,一边用力,一边死死地盯着周胖子。刀尖正一分一分地扎进大腿里,血,一滴一滴地流淌了下来。

这时,周胖子的老婆正好出来倒水,见着这一幕,吓得一声尖叫,把杯子掉在了地上。王汉依然没有停止用力,脸上出现了痛苦的神情,受伤的大腿在不停地颤抖着。

周胖子没想到王汉会用这招，吓得赶忙说："给给给，行了吧。"说完从房里取出一沓票子，递给了王汉。

王汉接过钱，揣入兜里，才把尖刀从腿上拔了出来，然后转身健步出了门。周胖子看着王汉受伤的大腿什么事也没有，猛地一拍脑门："哎哟，我这都吓傻了，忘了这家伙原来是个演员！"

王汉得意地回了家，一把道具刀，成功地骗过了李四和周胖子。王汉躺在床上，掏出钱细细地数了起来，刚才急着离开，连数都忘点了。数着数着，王汉感觉有些不对，他把钱一张张地对着亮光照了一遍，恨恨地骂了起来："这孙子，给的全是假钱！"

王汉是真的火了，好你个周胖子，看来不动点真格的，是不行了。王汉冥思苦想了一天，终于又想出了一条妙计。

这几天，王汉可没闲着，他费尽千辛万苦才从李四那儿打听到，李局长只是周胖子一个远房的表妹夫，平时根本没什么来往，周胖子只是故意拿李局长说事儿，那天李局长打来电话，是真的接到了报案，询问一下案情罢了。

随后，王汉又通过各种渠道，打听到了李局长的住处。这天晚上，王汉准备了厚厚的五沓钞票，放在一个档案袋里，然后找出了周胖子那张签名便签，也放了进去。趁着夜色，来到李局长的住处，按响了门铃，听见有人来开门，王汉丢下档案袋，猛地转身跑开，偷偷地看着住户把档案袋收了进去，才安心地离开了。

王汉在心里想，周胖子，你就等着好戏看吧。

只过了两天，王汉就收到了好消息，周胖子被公安机关抓起来了。王汉心里得意万分，我这招才叫毒，不管他李局长是贪官还是清官，都会抓了周胖子的。因为王汉送去的根本不是现金，而是五沓道具钞票。是贪官，看到假钱，肯定会恼羞成怒。是清官，也一定会更加关注周胖子的案子，这样的老赖还有什么好下场?

王汉虽然白忙活了这么多天,还搭上了几样道具,但一想到周胖子正蹲在牢房里受罪,不由得觉得特别解恨。

都是名字惹的祸

一、醉酒惹祸

是的,我叫王祖贵,如果不是这个倒霉的名字,我现在可能不会在这里和你絮絮叨叨地说这个故事。

那天,赵峰开车送我到驾校报名,在填写表格的时候,赵峰突然就笑了起来。我茫然地看着他,他指着我写下的名字越笑越厉害。

赵峰一直称呼我“三少”,不知道我的大名,可这名字有那么好笑吗?我告诉他,这样的名字可不是什么人都可以起的,你的家谱中有位极人臣的大官吗?你老家的坟山有方圆几亩地吗?赵峰笑得更厉害了,这让我有些不爽,要不是看在他那辆破普桑能给我练车的份上,我恨不得踹扁他。

过了两天,我让赵峰拿车来让我练练手。途中,赵峰不断夸我开得很好,我很开心。随后他的无耻嘴脸就出来了,要我晚上请他喝酒,我无法拒绝。

那天晚上,我俩都喝高了。酒壮怂人胆,从大排档出来后我直接上了驾驶座,赵峰在副驾驶上打电话。

车开出城区没多久，在一个急转路口，我明明看见前方没有任何人，而且车速也不快，可我却听见赵峰一声惊呼，就扑过来抢方向盘。接着，车撞在了山边的一棵小树上，熄了火。我很生气，大声责问赵峰发什么神经？

赵峰没理我，脸色铁青地打开车门，急急地下了车。我跑到车前一看，酒顿时醒了一半。小树已经被我撞断了，一棵小树肯定不值什么钱，但在小树下却直挺挺地躺着一个浑身血迹的人！

当时，我的第一反应是掏出手机，准备报警。可我还没开始拨号码，赵峰却一把打掉我手里的电话，骂道："你想去坐牢了吧？"

多亏了赵峰，要不然，后面的事，用屁股都可以想得出来，我会因为无照醉酒驾驶伤人，受到法律的严惩。事已至此，我吓得已经没有一点主见，浑身哆嗦着看着赵峰，不知所措。

那一刻，我不得不佩服赵峰的冷静。他迅速转身回车关了车大灯，黑暗瞬间笼罩了我们。赵峰蹲到了那个人的面前，用手探了探他的鼻息。然后深深地叹了一口气，凝重地对我说："三少，这下麻烦大了，人已经没气了。"

当晚喝的是白酒，要是喝啤酒的话，我可能当场就要尿裤子。赵峰这家伙不愧十七岁就出来混江湖，他一刻也没有犹豫就打开了后备箱，然后使劲地踢了一脚还在筛糠的我说："快来抬人。"

赵峰架起了那个人的前身，用下巴示意我去抬腿。我像个木偶一样，双手抓住了那个人的两个脚踝。当时我真是太慌张了，刚一用力，那个人的一只脚就从我的右手滑了下去。忙乱之中，我双手抱起那两条腿，配合着赵峰将人塞进了后备箱。赵峰迅速关上了后备箱，才长长地吁了一口气。

赵峰再一次发动了车，平稳地将车倒出，猛加油门，逃离了现场。

回去的路上，赵峰锁着眉头说："三少，这下连我也被你害惨了。"

赵峰说，本来他觉得如果那人没有死，可以找一个没喝酒的朋友来顶罪，赔上保险，再用些钱打点各方，应该问题不大。可现在人死了，这个罪就没人敢来顶了。赵峰还很坦白地说,当时不让我报警,也不完全是为了我,因为作为车主和酒友,也有不可逃脱的连带责任,只是他根本没想到,这个倒霉的家伙竟然被“报销”了。

赵峰越是这么坦白,我心里越是感激。今晚这情况,如果没有赵峰,我说不定现在已经在看守所了。而如今,赵峰也被连累的越来越深了。

快到我家门口的时候,赵峰猛地一个急刹车,吓得我浑身毛管倒竖,以为又出了什么事,还好前面并没有什么情况。我紧张地看着赵峰,他回头看了一眼后备箱说:“三少,我记得那人的腿从你手里滑下来的时候,掉了一只鞋子,你捡起来了没有?”

我茫然地摇头,赵峰狠狠地瞪了我一眼,猛地掉转了车头,要去把鞋捡回来。我本来想和赵峰一道去,但他嫌我太不镇定,让我一个人先冷静一下。

看着赵峰远去的车尾灯,我浑身冰冷地站在风中,一个念头突然从我的脑子里冒了出来。

如果你的人品和我一样卑劣,你就会猜中我的想法。是的,报警!如果我现在报警,这件事是不是就和我没有任何关系了?

我自身的丑陋,让我看清了两件事情,第一,永远不要相信任何人。第二,做任何事之前都必须冷静。如果我能保持冷静,就不会在这样关键的时候找不到手机了。

我的手机哪里去了?

没错,我的手机被赵峰打落在地,还没有捡起来,那个手机才是真正的证据。我像疯了一样向家里跑去,拿起电话拨通了赵峰的手机。

赵峰在电话里狠狠地骂了一句,然后又回去找我的手机去了。

不一会儿,我接到了自己手机打来的电话,一切都已搞定,赵峰知道我已经回了家,所以决定先偷偷地回去修理好前保险杠,回头再过来和我商量对策。赵峰本身就是小汽修厂的修理工,做这点事应该不算什么大问题。

放下电话,我羞愧万分,赵峰这么帮我,而我还想着出卖他,我可真不是个东西。唯一遗憾的是,我已经错过了脱罪最好的机会。

夜晚是漫长的,我不知道赵峰是不是在忙着换车前保险杠。我无法入眠,不停地在法律网站上搜索,企图找到一点生机,答案是否定的。我的脑子乱极了,甚至开始想象自己被通缉的样子。看着法律网站上一张又一张被通缉的脸,我怎么也不敢相信,有一天我的相片也会放在上面。

所以,我必须和赵峰一起收拾好这个残局。

二、盗洞塌方

第二天,我并没有从晨报中发现车祸的报道,心里暗暗松了一口气。可一直等到下午,赵峰才来找我,更让我没想到的是,赵峰竟然带了一个人,这个人我看上去有点面熟,却又想不起来在哪儿见过。

赵峰的表情已经不那么凝重了,他甚至有些轻松地问我有没有看过《鬼吹灯》?

这是哪儿和哪儿呀?我不知道赵峰现在为什么还有心情和我说这些,要知道,他的后备箱里还有一个死人在等着我们去处理。再说,他又不是不知道,我一看到书就头痛,我垂头丧气回道:"没有。"

赵峰发动了车,吹了一声悠长的口哨说:"三少,别怕,这个是我最信任的黄老哥,顶尖的'摸金校尉',我们的事都和他说了,他会帮我处理好一切的。"

我像看着外星人一样看着赵峰,这样的事还能让第三个人知道?他葫芦里到底卖的什么药?这时,那个黄老哥说话了。黄老哥的意思很简单,看在赵峰面子上,帮我们一把,但如果想把事情彻底摆平了,就必须全听他的。

我对这个所谓的黄老哥并没有好印象，但他能这样说却不由得我不侧耳细听。

黄老哥的计划并不复杂。他的意思是，把死者埋到一个塌方的盗洞里，伪装成一个盗墓贼意外身亡的假象，这样一来，估计连警察也不会过分的追究了。到最后，肯定就会不了了之。

听到这里，我终于明白了赵峰为什么会带着黄老哥一道来。我不得不承认，这是一个最完美的计划。

黄老哥这时悠悠地看了我一眼说："现在，最关键的问题就是，怎么样才能找到一个真正的古墓，才不会引起别人的怀疑。"

"这还不好办，埋到我老家的坟山吧，方圆几亩地呢，埋在那里肯定发现不了。等到明年清明发现再报案，人都烂了，还查个屁啊！"我为自己的机智有些得意。

"对对对。"赵峰也附和着："三少大名王祖贵，祖上可真出过贵人的。"

黄老哥沉吟了片刻，点了点头，但他随即又说出了一个条件。他的意思是，这次盗墓必须是一次真实的盗墓，而那些盗出来的东西，归他所有。因为这次冒险还夹杂着人命官司，不同寻常。

说实话，我也不知道我祖上的坟茔里有什么东西，事情发展到了这一步，我除了同意还能有什么办法吗？我无奈地说："好吧，我这就带你们去我老家。"

黄老哥摆了摆手说不急，让赵峰开车去他的住所取一些必要的工具。

城郊的一个偏僻场所，黄老哥下了车，这时我才发现，黄老哥竟然是个跛子。这个江湖，真是什么能人异士都有，一个跛子，竟然是一个顶级的"摸金校尉"。

看着黄老哥一歪一瘸的背影，我突然想起来，这个人我真的见过，在法律网站的通缉令上！

黄老哥的工具五花八门,最为奇怪的是,竟然还有一把枪。我不知道他的枪是防人的还是防鬼的,但和一个通缉犯扯上关系,是在救自己还是害自己,还真不好说。赵峰的神情看来颇为轻松,仿佛一切事情都已迎刃而解了一样。

我们驱车两个多小时来到了我老家的坟山,路很难走,好在赵峰的普桑还算给力。坟山很偏僻,没有人烟。我们把车停在了小山角,黄老哥跛着腿四处看了看,很满意地点了点头。

黄老哥盗墓确实专业,他很快就用探铲确定了位置,然后点了点头说:"就从这里下去,应该有八九米深。"

在这方面,我是没有发言权的,只有默默地看着他们忙活。

冬天的夜晚来得比较快,天很快就黑尽了,四处一片寂静。黄老哥给探洞逐一装上炸药,一级一级地炸下去,之后几声闷响,一个盗洞赫然就在眼前了。

黄老哥取出一根绳索,拴在一棵树上,顺着绳索向盗洞下滑去。赵峰也没闲着,他一边往下运送工具,一边对我说:"三少,等里面的东西取出来之后,我就把那个尸体放下去,让黄老哥摆好,再炸平盗洞,一切就都结束了。"

我连连点头。趁着黄老哥在下面忙活,我有些泄气地对赵峰说:"唉,要不是发生了这件事,我怎么也不会来挖自己的祖坟,我听说我家祖坟里有一枚价值连城的祖母绿玉扳指,不知道会不会被黄老哥找到。"

赵峰愣了一愣,没说话。我只好又自言自语地说:"算了,还是不想了,省得心烦,反正也没我们的份。他就是发现了,把它藏在兜里也和我们没关系。"

也不知道赵峰当时是怎么想的,反正他犹豫了一会儿,就让我一个人在上面好好放哨,他要下去给黄跛子帮忙打下手。

我有点哆嗦地说:"你还是别下去了吧,我一个人守着车里的死人,还真有点怕。”

赵峰白了我一眼：“有什么好怕的，车里的尸体我已经用袋子装好了。你在上面看着，有人来赶紧扯绳子通知我。”

我瑟缩而又无奈地同意了，让赵峰快去快回。赵峰点了点头，迅速向洞底滑去。绳子已经松了，赵峰应该到了洞底。我慢慢地将绳子从洞内抽了上来。然后，迅速拿起黄跛子剩下的炸药中的一支，横向地插在洞口，点燃了引线。

一声闷响之后，盗洞在炸药的横向作用力下，已经塌方……

三、事出有因

打开后备箱，这是验证我的猜想最关键的一步。后备箱里安稳地躺着一个大布袋，我颤抖着双手扯开布袋，里面除了一个塑料模特和一块废铁之外，哪里有死人的影子？

我长长地吁了一口气。没错，这一切都是一个骗局，一个因为我的名字惹来的祸事。

那天，赵峰故意让我请他喝酒，将我灌醉，再让我驾驶，他在副驾驶给黄跛子打电话，精心安排着一个圈套。赵峰抢夺我的方向盘造成了车祸，而黄跛子充当了那个车祸死者的角色。当时的我早已吓蒙了，根本不敢去验证死者的真假。所以，赵峰把我送回后又找理由离开，放出黄跛子，制造了一具假尸。

如果中间我的手机没丢，那这最多只是一场闹剧。可惜，上天仿佛故意要将这场戏演下去一样，让我不得不一步步走进圈套，主动带他们来盗我祖先的墓。

当黄跛子假装死尸的时候，我有力的右手反而没有抓住他的脚踝，就证明这个人一条腿粗，一条腿细，肯定是个跛子。也正是因为如此，当我发现所谓的“黄老哥”竟然是个跛子的时候，我内心的震惊不下于一场海啸。

做任何事都要冷静。这一次，我学乖了，在发现了端倪之后，我迅速冷静了下来，暗暗地观察着一切。黄跛子的枪，是致命的威胁。如果我当时就质疑或者揭穿，这个通缉犯会干出什么事来，我也不敢肯定。这个险，我不敢冒。

所以，后来我才编了一个玉扳指的谎言诱使赵峰也下了盗洞，这是我们这一类人的共性，多疑，不信任。果然，我的苦心没有白费。

现在，一切终于结束了。没有驾照的我，歪歪扭扭地开着赵峰的破普桑，驶向了老家的派出所——我要自首。

之后，我因为无照醉酒驾驶被关进了拘留所，赵峰和黄跛子在被救出来后，关进了看守所。所以，现在我蹲在拘留所放风场的墙角，在对你说着这个因为一个俗不可耐的名字，而发生的莫名其妙的故事。

帮　凶

一、陌生电话

最近，李力一直忙着承接一项工程，最终却得到一个“噩耗”：招标单位的一把手黄书友的小舅子二宝也是做工程的，这个项目大家早就心知肚明，只是还没宣布罢了。李力那个气呀，可现实就摆在眼前，不服也没办法。

这天，李力接到了一个陌生的电话，是个怪怪的女人声音，女人问李力想不想做那项工程，她可以帮他拿到。李力心想，现在的骗子真是无孔不入，就随口调侃地说：“好啊，三天后开标，你想拿多少提成？”对方听出了李力的怀疑，只淡淡地说：“那你就等着好消息吧。”说罢，也不提钱的事，就挂了电话。

本来李力没把这事放在心上，可开标的那一天，宣布中标的正是李力。现场一阵哗然，一个平头模样的男人，当场摔碎了一个杯子。这个结果，让李力也惊得目瞪口呆，他想起了那个陌生的电话，赶紧从手机里翻出号码，找了个没人的地方回拨过去，关机。李力笑着摇了摇头，世上没有免费的午餐，对方一定会主动打来的。

果然，李力刚回到住处，那个电话就打了过来。李力心中早已有数，很直接地问对方想拿多少提成。谁知那女人却不阴不阳地笑了起来，说不要钱。这下李力就奇怪了，不要钱，那要什么？对方沉吟了一会儿说：“需要的时候，自然会来找你。”

这个女人到底想干什么？李力将电话回过去，那边又关机了。李力隐隐觉得这个事有点复杂了，但不管怎么说，拿到了工程还算是件好事，以后的事以后再说。

第二天，李力独自来到工地查看地形，看见昨天在开标现场摔杯子的人走了过来，那人明显是带着气来的，他直接问李力给了黄书友多少钱？李力心里清楚完全不是那么回事，但表面上还是敷衍着说是按正当程序得来的。

那人恨恨地说：“你别跟我来这些虚的，他黄书友不就是嫌我没给他钱吗，找个外人来玩我？我告诉你，你回头去找他把钱退了，自动退出。如若不然，我让他黄书友的日子不好过，你做的这个工程能捞到好？”

李力明白了那人就是二宝，赔着笑脸说：“二宝哥，你看这标都已经中了，要不我赔你点损失费？”二宝冷冷地说：“你以为我是冲着钱来的？这是面子问题，该说的我都说了，你自己看着办！”说罢，气呼呼地走了。

李力没辙了，二宝说得确实有几分道理。思来想去，李力还是决定退出。这样一来，就不用得罪二宝，做一个吃力不讨好的工程，也不用再和那个不知来头的女人兜圈子了。

李力去找黄书友，正在开会，接待他的是办公室主任王健。李力说来协商弃标，王健冷冷地看着李力说：“你把我们这儿当什么了，想来就来，想走就走？投标保证金不想要了？”

李力看着王健居高临下的态度，心里很不舒服，恨恨地想，狗仗人势！李力转身出了门，可不一会儿，王健却来电说黄书友正在办公室等他，让他速去。

二、来者不善

黄书友最近很烦。本来，他和小舅子二宝说好了工程让他做。可前两天，黄书友收到了一份私人邮件，打开一看，黄书友脸都变了。邮件里是几张艳照，艳照的男主角正是黄书友本人。邮件只有几句话，就是指名说要把工程给李力做。

黄书友细细梳理了一番，断定了是这个李力干得好事，为了得到这个工程，偷拍了这些相片，怪只怪自己太不小心了。如今把柄被人握住，除了服从，还能怎么样？近来，上级部门正准备调整，这事要是闹出去，别说升迁，现在的位置都保不住了。

开标的当天，二宝就闹到家里来了，黄书友解释现在风声太紧了，只能按程序办事。可说什么二宝也不信，愣说是黄书友收了李力的钱。黄书友解释不清，只有不理他的胡搅蛮缠。二宝没法，去找他姐姐，也就是黄书友的老婆哭诉。为此，黄书友和老婆也开始了冷战。即便如此，黄书友还是松了一口气，毕竟事情还没有败露。他李力不就是想赚钱吗？等工程结束，让他赚到钱了，大家就相安无事了。

可事情并不像黄书友想的那样发展。这天上午，刚开完会，王健就来汇报说，那个李力要来退标，被他一顿臭骂，骂走了。

黄书友皱起了眉头，这小子到底想干什么？这人目前还得罪不起，看来要面对面地接触一下了。黄书友让王健立即打电话把李力叫来，他要问问是怎么回事。

不一会儿，李力来了，王健还哈着腰站在一边，黄书友挥了挥手，让王健出去了，然后关上门。黄书友打了个哈哈，开门见山地说："李力，你也知道，我好不容易让你中的标，为什么要退？"

李力转了转眼珠，赔着笑说：“可是，二宝已经闹到我那儿去了……”黄书友点了点头说：“我猜就是这小子在惹事。这样吧，我给你撑腰，你放心地做吧。”话说到这个份上，李力的心头一松，说话也就随便起来：“黄总，您放心，该您的那份，我这就回去准备好！”

黄书友死死地盯着李力看了一会儿：“你也知道，这事虽然很为难，但我还是把工程给了你，这肯定不是钱的问题，你心里有数就行了。”

说完，黄书友起身客气地将李力送出了办公室。

可第二天，黄书友又收到了一份邮件，让他撤了王健的办公室主任，把他“下放”到工地做现场监工。黄书友不由得有些恼火，这个李力，报复心也太强了。

三、昭然若揭

开工这天，王健苦着脸到工地找到李力，说是来报道。李力在心里暗暗地想，这条狗肯定是得罪主人了，该！

当晚，李力又接到了那个陌生女人的电话，该来的总是会来的。那女人说要李力干两件事。第一，找两个地痞去工地上，将王健教训一顿，扇他两个耳光，告诉他管好他的老婆。第二，再找人去王健家，在他的门上用红漆写上“破鞋”两个字。

李力听到这里，不禁哑然失笑。搞了半天，原来只是争风吃醋的事。看来这事还真不是黄书友在搞什么鬼，但肯定和他有着千丝万缕的关系。

李力问那女人是谁？那女人说：“这你不用管，你只管照做。”李力笑着说：“你总不能让我去做坏事吧，打人可是犯法的。”那女人淡淡地说：“你如果不做，我能让你得到这个工程，也能让你白干一场。你信吗？”

李力连连点头说：“我信，我信！”挂断电话，李力长吁了一口气。他在心里算了算，干这两件事，比起给钱可划算多了。

很快，李力就顺利地完成了两项任务。王健在工地上被扇了两个耳光之后，脸一阵红，一阵白，坐在办公室里直发呆。李力想象不出，他晚上回家之后，看到家门上的“破鞋”两个红漆大字，会不会更难受。

第二天，王健没来上班，可是黄书友却到工地来了，他说要单独和李力谈一谈。黄书友一直阴沉着脸，让李力感觉来者不善。两人找了一个偏僻的茶楼。包间里，黄书友皱着眉说：“李力，你要的工程我给了你，王健得罪了你，我也下了他到你的工地。你为什么还要闹，你到底想干什么？”

李力一脸茫然，黄书友以为李力在掩饰，再也顾不上面子，一五一十地质问起来，李力听了半天才明白了是怎么回事。更让他吃惊的是，那个艳照的女主角，竟然就是王健的老婆。那个狗一样的男人，老婆被人睡了不说，他还跟着无缘无故地受辱。从降级到挨打，从头戴绿帽子到门口刷红漆，而他除了被动承受，好像没有任何反应。

事已至此，黄书友已经撕破了脸，他说：“李力，我告诉你，如果你继续再这样下去，把事情闹大了，牵连到了我，你的工程也属于违规中标，到时候也有你好受的。”

这中间的利害关系，李力肯定懂，赶忙把前前后后解释了一遍。他完全是被人操纵，最多只是一颗棋子，在被人利用的同时，捞点好处罢了。电话那头那个女人，才是这场事件的始作俑者。只要那个女人不再闹了，一切才会平静下来。

说罢，李力找出那个陌生的号码，给黄书友看。黄书友死死地盯着李力，看他不像说谎，才冷哼了一声说：“一个电话号码，什么也证明不了。这件事，你必须保密，现在还没发展到不可收拾的地步，如果再有什么新的情况，立即通知我。你要记住，我倒了，你也得完蛋。”说罢，匆匆而去。

黄书友现在几乎可以肯定，电话那头的那个女人是谁了。如若不然，谁会这样处心积虑地惩罚王健和他的老婆？她为什么联系李力时是电话，而联系黄书友时是电邮？这一切，都已昭然若揭。只是，她为了隐瞒身份，不惜把工程让给了一个毫不相干的人，却没想过，除了她，谁也没有做这些事的动机和条件。

如果这件事从头到尾是李力搞的鬼，就简单得多。如果是和他在冷战的这个女人，就要重新审视了，她到底想干什么，仅仅只是为了惩罚一下自己的情妇吗？那她为什么不直接冲着自己来，而是玩这样的阴招。她这么做，可能会毁掉所有的一切。一念至此，黄书友的眉头深深地锁了起来。

四、中毒事件

接下来的一段时间，倒是相安无事，李力的工程进展顺利。只有可怜的王健，已经和老婆离了婚，连宿舍都搬到了工地。

黄书友几次试探自己的老婆，可她却依然保持冷战状态，不苟言笑。这让黄书友怒从心起，这个阴冷的女人，不知道还会玩出什么花样来。

转眼就到了四月。这天，王健来找李力，说他知道黄书友喜欢吃江鲜，他想让李力买点江鲜送给黄书友，并替他说两句好话，看能不能再把他调回去。这个要求差点没让李力笑出声来。这个王健，还真够贱！

目前，正是江鲜上市的季节，鲥鱼、刀鱼和河豚并称长江三鲜。现如今鲥鱼几乎绝迹，又受国家保护，所以市场上没有，但野生的刀鱼和河豚，只要出得起价，还是有不少。

李力想请黄书友出来吃。王健摇了摇头说，还是送到他家去，黄书友不喜欢饭局，他从小在江边长大，喜欢自己亲手烹饪这些江鲜，所以每年王健都是要求别人这么办的。

李力没再坚持，这个工程做下来，一路畅通，不管怎么说，还是应该表示一下，做人不能太不厚道。星期天，李力去水产市场，花高价买来了野生的刀鱼和河豚送了过去。

那是李力第一次见到黄书友的老婆，这个女人神情冷漠，不苟言笑，让人看了就心底发凉。李力真想象不出来，和这么阴冷的女人在一起过日子会是什么滋味。李力将刀鱼和河豚丢下，顾不得黄书友的假意感谢，快速离去。

谁知第二天，就出事了，黄书友和他的妻子双双中毒，送到医院。黄妻中毒太深，医治无效死亡，而黄书友被抢救了过来。

这看上去像是一个偶然的中毒事件，可是二宝却闹到了派出所，说姐姐是被黄书友谋杀的。原因就是黄书友把工程给了别人，姐姐一直在和黄书友怄气。两人不和，导致了黄书友杀死了黄妻。

警察介入后，调查核实后，证明李力确实没有贿赂过黄书友，除了送了那些江鲜。警察又将那盘野生河豚送去化验，并不是没有煮好，而是几粒河豚籽没有清洗干净。野生的河豚籽剧毒无比，所以汤汁更毒。据黄书友说，食用的时候，他没有喝汤，所以中毒稍浅，然后还知道打急救电话，捡回了一命。

警察最终放弃了调查，因为黄书友也中了毒，再说，仅凭二宝的一面之词，黄书友杀妻的动机也不足。

五、始作俑者

眼看黄书友中毒事件就要结案时，谁也没有料到，这时会冒出一个人来自首。这个人竟然是——王健。

所有的事情，并不是王健被蒙在鼓里，真正的真相是，他才是整个事件的真正策划者。

自从黄书友频繁地派他出差，他就怀疑老婆和黄书友有染。于是，他费尽心机偷拍了他们偷情的相片。知道实情后，为了报复黄书友，他绞尽脑汁想了一个办法。

他先是逼迫黄书友把工程给了李力，再故意要挟黄书友，并指使李力把自己弄成了一个不折不扣的受害者。他做的这一切，就是为了诱使黄书友认为是黄妻在策划的这一切，虽然把工程让给李力有些不合情理，但转过弯来想，这更显得是黄妻想要洗脱嫌疑。王健的本意是让黄书友夫妻之间的猜忌无限加深。

因为黄书友毁了他的家庭，他也要毁了黄书友的家庭，只是他没料到最后会闹出这样的命案，所以才来自首。

王健交出了所有的证据，包括那些艳照，以及他和李力的通话录音。那个女人的声音，是他通过变声软件完成的，他故意用女人的声音让李力肯定做这一切的是女人，从而让黄书友得出错误的结论。

警察又找到李力，李力不得不交代了和黄书友的那次谈话。

现在，黄书友杀妻的动机已水落石出。警察再次梳理以前的资料，也发现了一些端倪，黄妻的死亡时间和黄书友的中毒时间几乎一致，难道说，黄书友明知妻子已经中毒死亡，还会再去试毒？

最后在强大的证据链条下，黄书友终于认罪。他是故意将河豚籽放在锅里同煮的，黄妻中毒期间，黄书友打开了她的电脑和手机，确认了没有不利的文件，又确认了黄妻已经死亡，才吞食了两块鱼肉，拨打了急救电话。

至此，王健和李力都受到了相应的惩罚，这场预谋事件才真正画上了句号。

可是在拘留所里，李力始终觉得真正的凶手是王健，他要杀的人是黄书友，李力和死去的黄妻都是“帮凶”。因为王健太了解黄书友和黄妻阴冷的性格，所以才敢设计了这么一个危险的局。如若不然，他为什么要央求李力送江鲜,又为什么在黄妻死后主动去自首?但这一切都只是推测,并不能作为证据。

王健确实没有杀黄书友,严惩黄书友的只是法律。

烈火逃生

一、线报

芜城刑警队的“拼命三郎”何纬，最近盯上了赫赫有名的毒枭李志强。这天，何纬接到了一个神秘的线报，说今晚李志强要在皇朝大戏院亲自交易毒品，交易的手提包上有一个眼镜蛇的图案。

何纬虽不知道线人是谁，但还是准备出击，因为他破获的几宗小型毒品交易案都是从这条线来的，从没出过错。这个线人署名“心真”，他发来的短信都是陌生号码，而且可能随后就将卡拔出了手机，根本查不到来源。

这一次，一定要将李志强绳之以法。

华灯初上，李志强悠闲自得地带着手下，坐在皇朝大戏院最靠近舞台的贵宾席上，大戏院老板笑面虎陪坐一旁。何纬留心观察着李志强的一举一动，可一直没有发现可疑人物接近，不由得有些暗暗着急。

这时，青年魔术师靳笛微笑着上了舞台，沿着惯例先变了几个新颖的小魔术，赢得了一片叫好声。接下来，靳笛走下舞台，向贵宾席上的李志强说道：“先生，可以让我看看您的手提包里有什么吗？”李志强微微一笑，让手下打开了手提包，里面只有一些日常生活用品。靳笛说："先生，您相信吗？如果您把手提包借给我，等会儿我会还给您整整一包美元。"李志强哈哈大笑。

靳笛的助手推上来一个悬空的大箱子，靳笛告诉大家，他将让一个男助手拎着手提包躲进这个悬空的箱子里，然后将会有一个美女拎着一包美元走出来，还给这位先生。

台下齐声叫好，男助手拎着手提包在台上走了一圈，以便让大伙儿瞅仔细。

那个手提包上，有一个明显的标志，是一只眼镜蛇。何纬突然明白，李志强是在利用魔术进行毒品交易，这个手提包里肯定有毒品！

二、表演

说时迟，那时快，何纬带着两个队员冲上了舞台。台下的观众一阵惊慌，谁也不知道发生了什么事。何纬铁青着脸，亮出了证件，要检查手提包。靳笛一愣，但随即说道："要是你插手，我可就没有美元给这位先生了。"说罢，还轻松地对着观众挤了挤眼。

台下观众这才明白过来，这很可能也是靳笛安排的插曲，像小品一样富有戏剧性，遂又拭目以待。何纬哪有心思和靳笛耍嘴皮子，不由分说，打开了手提包。手提包里只有一沓沓美元整齐地摆放在里面。

何纬一时反应不过来是怎么回事，而这时的靳笛可没闲着，继续调侃："想不到这位警察也像我一样慷慨，变出了一包美元！"台下掌声四起，笑声不断。

这即使是交易中的美元，可是没有毒品，也是白搭。何纬拿出美元，想找找看包里有没有夹层。接着，他心中一喜，包底果然有夹层，可里面却只是一把手枪。

靳笛的脸色一变，慌张地说道：“警察同志，你什么时候把枪放到了包里？”

何纬知道舞台上不是久留之地，只有冷冷地对靳笛说：“请你和我走一趟，解释一下这枪和美元到底是怎么一回事？”

靳笛为难地在台上踱了两步，突然凭空一抓，变出了一支香烟说：“警察同志，请允许我先抽根烟再说。”只见靳笛一手拿起一张美元，一手就抓起了那把手枪。两个队员赶紧举枪对准了靳笛，喝令他放下枪。靳笛却充耳不闻，将枪对准了美元，“啪”的一声打着了火，点燃了美元，又用美元点燃了嘴里的香烟。这时大家已经看得真切，所谓美元的另一面，是白纸。

靳笛吐了个烟圈说道：“这手枪打火机和道具美元，应该不用解释什么吧？”

台下的观众早已笑得前仰后合，这样的魔术表演真是太有新意了。

三、疑点

第二天一早，何纬就接到通知说局长叫他去办公室。

局长将一沓报纸扔到了何纬的面前，报纸上正在大肆宣扬刑警何纬客串魔术表演，生动逼真，引起了轰动。

局长黑着脸说：“你不但给队伍抹了黑，据缉毒队得到的可靠线报说，昨晚李志强确实交易了毒品，而你们的搅局，干扰了缉毒队的视线。”

何纬恨恨地骂道：“这个该死的李志强，我不抓到他誓不罢休。”

局长却摆了摆手说：“缉毒队已经向上面申请，让你不要再碰关于李志强的案子，局里已经批准了。从今天起，放你三个月的长假。”

何纬还想解释什么，局长已经背过身，不再理会。

何纬越想越气。局里只说不允许他再查李志强，那他就暗中调查靳笛。从昨晚的情况来看,这个靳笛和李志强肯定有着很大的关联。拔出萝卜带出泥,对,就这么干。

何纬很快拿到了靳笛的资料。靳笛,28岁,原魔术大师赵千变的唯一徒弟。三年前,赵千变在一场实地魔术“烈火逃生”当中不幸丧生。赵千变死后,靳笛作为唯一的徒弟取代了他的地位,红透了芜城。

赵千变既然是魔术大师,怎么会死于一场魔术?

何纬辗转托人找到了一个外地的知名魔术师,请教了关于“烈火逃生”这个魔术的一些问题。

所谓“烈火逃生”,就是将魔术师用铁链锁起来,然后将他放进一个厚重的木箱内,再加上干柴,然后倒上汽油点燃。这个魔术的关键是在铁链上,铁链其中有一个关键的一环,是可以拆卸的魔术铁链。“烈火逃生”虽然有道具做保障,原理也不复杂,但仍是一项极为危险的表演。因为在火焰燃烧的刹那,木箱内不但被炙烤得很热,而且无法呼吸。由于火焰燃烧速度非常快,所以如果魔术师在一分钟内无法挣脱铁链,打开木箱内装置的暗门,冲出火海,稍有闪失,就会酿成悲剧。

何纬随后又查阅了很多关于魔术谋杀的资料,他不相信赵千变既然是魔术大师,为什么会死于一场魔术事故。

魔术谋杀,其实很多影视剧中都有过体现,最直接,最有效的方法就是将魔术道具换成真的。因为魔术道具对于外行来说,简直是个谜,连警察也无法知晓全部。

迷雾渐开,一条完整的推理链在何纬脑中浮现了出来:赵千变很可能死于谋杀,因为靳笛完全有动机和作案条件。一:靳笛想要上位,师父不死,他永无出头之日。二:如果靳笛真的利用魔术贩毒,只有杀死赵千变,才会畅通无阻。三:靳笛是赵千变的唯一徒弟,撤换魔术道具有最便利的条件。

何纬在看完了赵千变死亡的相片之后,更加怀疑他是被谋杀的。虽然赵千变被烧得面目全非，但他依然还被锁在铁链之内，两只手还紧紧地攥着那把铁锁。

四、线人

赵千变有个女儿叫赵娟，现在在本市开一家花店，名叫“笛娟花店”。花店起这个名字，是因为她和靳笛正是一对恋人。

何纬进了花店，也没隐瞒身份，实话实说地告诉赵娟，他怀疑赵千变的死不是简单的事故。他问赵娟，赵千变死前有没有什么异常行为。

赵娟眼圈发红地说道：“爸爸死前确实有些反常，常常会唉声叹气，我只是以为他老了，变得容易伤感了。”

何纬又问道：“那他和靳笛有没有过什么矛盾，或是争吵？”

赵娟说：“笛哥一直对爸爸言听计从，可在出事前，笛哥却偏想要表演那个‘烈火逃生’的魔术，爸爸大发雷霆，把笛哥一顿臭骂。那是我第一次见爸爸发那么大火，所以印象深刻。”说完后，赵娟奇怪地问：“难道你怀疑笛哥？”

何纬沉重地点了点头：“我确实怀疑你父亲的死和靳笛有关。”随后，何纬解释了自己的推理，但隐瞒了怀疑靳笛贩毒这一段。

赵娟怔怔地说道：“不可能，笛哥不可能害死我爸爸的。”然后无声地抽泣起来。何纬留给赵娟一个电话号码：“如果你愿意配合我，我一定还你一个真相。”

不久后，何纬接到了赵娟的电话，可见赵娟已经有些相信他了。何纬让赵娟安排他独自去查看一下赵千变的魔术仓库，虽然现在这个仓库已经属于靳笛了。

魔术仓库里，有各种五花八门的魔术道具。那条逃生的铁链就悬挂在一边。何纬小心地拿起铁链，按照那个魔术师所教的方法，找出了那节可以拆卸的铁链。铁链设计的果然精巧，如果没有魔术知识的人，根本无法打开。

这个铁链绝对不是赵千变出事的那副道具，如若不然，赵千变根本不会打不开。赵娟的眼泪一下全涌了出来。

何纬又四处寻找了一会儿，他发现在垃圾桶里有一张电话卡。何纬把卡放在手机里，试着发送了一个空白信息到了自己的号码上，等到换回自己的卡，收到了那个空白信息，何纬眉头深深地锁了起来。

那个号码，正是叫"心真"的线人给他发短信的号码。也就是说，靳笛就是"心真"，就是那个线人。皇朝大戏院的一切，竟然全都是他设好的圈套！

五、逃生

第二天，赵娟约靳笛在花店见面，不一会儿里面传来争吵声，赵娟哭着说："靳笛，我们分手吧，爸爸的事如果真相不明，我心里始终会有疙瘩。"

靳笛深深地叹了口气，没有解释，默默地转身准备离开。可刚打开门，就看到何纬黑洞洞的枪口正对着他。

何纬将靳笛带入了警局，可还没开始审问，缉毒组的人却闯了进来，黑着脸对何纬说："听说你抓了靳笛，这人和毒枭李志强有牵扯，请把人交给我们带走！"

何纬冷哼了一声，没有理睬。可这时局长的电话却打了进来："何纬，你不要忘了，你现在是放假时间，赶快把人交给缉毒组，要不然人家告你非法限制人身自由，有你受的。"

第二天，何纬就听说靳笛再次回到了皇朝大戏院正常表演，不禁心中黯然，看来还是准备的不够充分。

几天后，芜城的媒体都争相报道着一个消息：青年魔术师靳笛将重新表演大型实地魔术“烈火逃生”。

这天上午，芜城市中心的广场空地上，人万头攒动，各路记者都架好了摄像机，芜城的大部分警力全都抽调过来维持秩序。台上的靳笛热情地和大家打招呼，看台后，坐着皇朝大戏院的老板笑面虎，表情严肃。

靳笛已经被铁链完全锁好，但他的目光仍在人群中搜寻，仿佛还在等待着什么。这时，靳笛看见了挤在看台前的何纬，目光一亮，用手一指何纬高声说道：“这一次，我们仍然有幸请来了刑警何先生，我们掌声有请他上台检验铁链的真假。”

人群中发出一阵哄笑，何纬毫不犹豫地登台，找到铁链上关健的魔术链，他要破坏这次魔术表演，给予还击。

可是何纬却发现，那些铁链是真的。台下的起哄声越来越大，何纬再次成为一个“被表演者”。何纬也蒙了。人声嘈杂之时，靳笛突然附在何纬的耳边小声地说道：“你的兜里有张纸条，快离开舞台，去抓李志强。”

何纬一愣，只听靳笛笑着对观众说：“从何先生的表情可以看出，所有的铁链全是真的，现在请他离开现场。”说罢，几个助手上来强行将何纬推离了舞台。

何纬在人群中偷偷展开纸条。纸条上写着：我已被李志强和笑面虎控制，速报缉毒组，去城西垃圾站抓捕李志强，还有拜托你保护赵娟。

何纬脑子飞转：这是李志强在转移警力，趁此机会去城西交易。而靳笛的铁链确实是真的，李志强看来是要杀靳笛灭口。

一念至此，何纬就要冲上台去，大喊：“拦住他，那根铁链是真的！”因为一旦靳笛无法逃脱真的铁链，赵千变的悲剧就会重演。

两个警察拦住了何纬，台下的观众更被何纬逗乐了。而靳笛回头微微一笑，几个助手已经准备将他锁进大木箱内。

何纬来不及细想，冲出了人群，拨通了缉毒组的电话。缉毒组仿佛一直在等待着这个消息，只说了一声立即出发，就挂断了电话。

何纬转过两个街口，迅速赶到了“笛娟”花店，赵娟正坐在花店里，关注着网上靳笛魔术的现场直播。木箱上的烈火已经腾起，时间一分一秒地过去，而靳笛还一直没有从火中逃脱出来，赵娟的眼泪噙在眼眶里，沉默不语。

几个消防队员已经冲到了台上，打开了灭火器。所有的人都屏住呼吸，仍在等待靳笛出来的那一刻。火势渐渐变成了浓烟，时间已经过去了五分钟，靳笛依然没有出来，看来悲剧真的重演了。

就在这时，现场一个消防队员突然高举双臂，向人群不停地挥手。整个人群沸腾了，直播的镜头拉近。没错，那个人是靳笛。他不但逃生成功，还附带玩了个变身消防员的魔术！

六、尾声

缉毒组破获了芜城有史以来最大的一起贩毒案，毒枭李志强当场被擒，随后被抓的还有他的最大下家笑面虎。

笛娟花店里，靳笛和何纬在喝茶，靳笛微笑着向何纬解释了这一切。

三年前，赵千变不愿帮助李志强和笑面虎用魔术交易毒品，笑面虎假意组织赵千变上演烈火逃生魔术，但暗地里换了道具，杀死了赵千变，让靳笛上位。

靳笛知道不能重蹈师父的覆辙，只有表面上答应，而暗中和缉毒组联系上了。但李志强和笑面虎却过于狡猾，很多交易都不亲自出面。靳笛只有等待时机。不曾想半路上杀出个拼命三郎何纬，盯着李志强不放，让李志强更加警惕。靳笛只有假装线人，调虎离山，让何纬不能继续查下去，好让李志强放松警惕。不曾想何纬仍然紧追不舍，还将靳笛抓入了警局。缉毒组虽然救出了靳笛，但李志强这条老狐狸已嗅到了危机，随后控制住了靳笛，不让他送出任何信息。又和笑面虎合谋故伎重演，用靳笛的逃生魔术吸引警力，进行一宗最大交易，并想趁机杀了靳笛灭口。靳笛心里清楚，却不能反抗，因为他们的手里还有赵娟这步棋。所以靳笛只有装作入套，以保障赵娟的安全。靳笛虽然知道了全部阴谋，但苦于信息送不出去，只有抱希望于何纬，因为他知道何纬肯定不甘心。果然，在千钧一发之际，何纬现身了。

说完这些，靳笛笑着说："何警官，这些天委屈你了，但你立下的功劳却比谁都大。"

何纬愤愤地说道："这些我都不在意，我只想知道，你到底是怎么从真铁链里逃出来的。"

靳笛哈哈一笑，拿起一根细铁丝说："那天，我穿了一件和消防员一样的衣服在里面，因为我确信我可以逃出来，师傅死后的这三年里，我一直苦练师傅从没有教给过我的一样绝技——三秒开锁！"

手 镯 风 波

李凤美和毛和兰是一个村子的人，关系又特别好，于是两个就一起约好去邻村捡矿石，相互有个照应。

邻村的矿石是铁矿，露天开采的，矿石像大小不等的鹅卵石埋在土里，它有个形象的比喻，叫“鸡窝矿”。于是，矿山老板白宏喜为了能在“鸡窝”里发财，就用挖掘机把好好的一座山挖得真得像鸡窝一样狼藉。白宏喜挖到了大矿石，连散落在废土里的小矿石也不放过，就招来周边闲在家里的妇女来捡，捡到的小矿石全部归他收购，比市场上要便宜一半。不过，近来矿石价格猛涨，就是一半也还是挺可观的，如果手快，一天也能挣个五六十块钱，而且还是现钱。

从废土堆到白宏喜收购小矿石的地方约有二百米，捡矿石不怎么累，可是将这老沉老沉的矿石装在蛇皮袋里搬过去却是件苦差。于是，李凤美和毛和兰就你帮我抬，我帮你抬，把捡来的矿石运过去。这样一来，每天挣这几十块钱倒不觉得太辛苦了。

要说李凤美和毛和兰关系还真是好，她俩每天早上一道来，晚上一道回，连捡矿石都蹲在一起。中午的时候两个人就各自取出从家里带来的饭菜在一起吃，你吃一点我的红烧肉，我吃两块你的炒鸡蛋，就像是一家的亲姐妹。后来，李凤美说：“你看我俩天天捡的矿石也差不了多少，干脆我俩就合伙吧，卖得钱我们平分。”

毛和兰当时就表示赞成。她们彼此都觉得很了解对方，都不是投机取巧的人，也就愈发加劲干起来，怕对方多捡了吃了自己的亏。

虽然毛和兰家里条件在村里比李凤美要差那么一点，可是李凤美却从来没有因为这个而有一丁点看不起她，每次分钱的时候多上一点零头都会让给毛和兰。毛和兰推托过，可是她拗不过李凤美，每次也就多拿了个三块两块的。

这天早上，两个人又有说有笑地来到了矿山上像往常一样开始捡矿石。毛和兰用小铁爪子翻开脚边的泥土开始寻找矿石，却发现一个黑乎乎的东西，像个圆圈，捡起来一看，很旧，沾满了土，可能埋在地下有些年头了。毛和兰就对李凤美叫起来：“凤美，你过来看看这是个什么东西？”

李凤美过来拿起圆圈，用力擦去上面的土，发现是个手镯。李凤美说：“哟，是个手镯，可能还是个宝贝，赶快收起来，说不定很值钱的。”

毛和兰还没来得及收好，近处的几个捡矿石的女人就过来看稀奇了。毛和兰也没好意思藏，就给她们看了一下。这一看不要紧，不一会儿，山上每个人都知道了毛和兰捡了一件宝贝。没见到的人都赶紧跑过来要看，李凤美冲毛和兰摇了摇头。毛和兰这回精明了，赶紧说：“又不是什么好东西，又脏又破，我把它扔到旁边的水坑里去了。”

毛和兰这样说当然没人相信，于是，没见着的人就问见着的人什么样，见着的人就大致说了一下。话再一传，就悬乎了，毛和兰捡了一块好大的玉石，绿油油的，上面雕龙画凤，好像还写了不少古怪的字。

合该有事，白宏喜不知什么时候到了山上，听见了议论，心里一惊：“莫不是什么宝贝让这女人得去了，要知道，这山上的一草一木都是自己买下来的，当然要包括这宝贝。”

白宏喜也顾不得脏了，雪亮的皮鞋踩着泥巴就过来了。他来到毛和兰的身边，蹲下身说：“你叫毛和兰吧，你捡了个什么？给我看一下吧？”

毛和兰结结巴巴地把先前说的话又说了一遍。

白宏喜是个精明人，他看出来毛和兰没说真话，就又笑着说：“别骗我了，你拿出来，我不要你的，我只想看一下是什么东西，行吗？”

毛和兰有点怕，又看了看李凤美，李凤美用力地使了个眼神并摇了摇头。于是，毛和兰就咬定把东西扔到那浑浊的水坑去了。

白宏喜还是不相信，说：“要不我给你十块钱，你把东西给我看一下？”毛和兰不作声。白宏喜咬咬牙说：“这样吧，我给你五十块，行了吧？够你干一天的活了，你只要把东西给我看一下就行了。”这时，李凤美过来了，说：“老板，她是扔了，我看见了，你要是再不相信让她给你搜一下身，好不好？”

这一下，把白宏喜噎住了，他心里清楚得很，搜人身是犯法的，再说，毛和兰又是个妇女。

白宏喜讪讪地转了一圈又回来了，说：“毛和兰，我告诉你，你捡的那东西是我昨天迁坟的时候落下的，如果你不拿出来给我看一下，我就报告派出所，把你抓起来，直到你交出东西为止，这样，东西会被公家没收，你是肯定得不到！”

说着，白宏喜拿出手机就开始拨号码，中间又停了下来说：“你拿出来给我看看，要是值钱，就卖给我，省得你担惊受怕，我会给你一个合理的价钱。”

毛和兰有些招架不住了，白宏喜说得有道理，要是把派出所弄来了可不是好事。

李凤美看不过去了，挡在毛和兰的面前说：“老板你可不要欺负人，东西本来就不在她这里，你吓她也没用。再说，就是东西在她这儿，又不偷又不抢的，没犯法，怕什么派出所？”

白宏喜在鼻子里哼哼了两声说:“派出所没来之前,你俩谁也不准走。”说完又摁了几下手机,然后放在耳边转身走了,能看出来他在边走边和谁说话。

毛和兰可怜巴巴地看着李凤美,她没见过这阵势,说:“这下可怎么办?还不如给他看一下呢。”

李凤美骂了毛和兰一句:“你傻了吧!拿出来他还会还你?他说这山上的东西全是他的,你赶紧把手镯藏起来,回头等事情过了再拿回来,防止他真的打电话给派出所了。”

毛和兰带着哭腔说:“我现在不敢走,有人盯着我呢。要不你帮我去藏起来吧。”

李凤美接过手镯放在布袋里,起身装着上厕所来到一个已经没有矿石的废土堆后埋了起来,在上面又压了一块大石头才回来了。

毛和兰这时才感觉心里轻松了点,可是思想又活泛起来:“这手镯是不是真的很值钱啊,要是值钱,不知道能值多少钱呢?今天可多亏了凤美。噫,对了,我和凤美合伙捡矿石,捡到手镯她会不会也要对半分啊,要不然我都快守不住了,她还在帮我扛着。凤美要是提出来分一半可怎么说呢?”

一整天,毛和兰在矿山上总是心神不宁,一会儿想到白宏喜,一会儿想到派出所,一会儿想到凤美和手镯,想来想去就是一点头绪也没想出来。好不容易挨到太阳落山,总算收工了,也没见到派出所的影子,白宏喜也没再来纠缠,毛和兰总算松了一口气。

人走得差不多了,李凤美和毛和兰乘人不注意掏起了布袋就走。走过一个小山坳,毛和兰笑着说:“凤美,把手镯掏出来看看,今天慌了一天,我都没好生看上一眼。”

李凤美笑着应着:“我说没事吧,怕什么呢?”说完就伸手去布袋里掏手镯,不掏不要紧,一掏,凤美的脸变色了,手镯没了!

李凤美和毛和兰将布袋翻了个底朝天也没找到手镯的影子。毛和兰声音有些发抖,说:“凤美,你会不会记错了,单独埋在别的地方了?”

李凤美说:“不会啊,我还特意放了个石头在上面做了记号的,难道说出了鬼了,真的像老人们说的宝在土里会自己移走?”

毛和兰头嗡地响了起来,眼泪流了出来,心惊肉跳地担心了一天,到头来还是别人的了,难怪凤美这么殷勤。毛和兰哭着说了句:“你把我还当小孩子吗?”

李凤美想说什么,可是毛和兰已经哭着跑到前面去了。

第二天,毛和兰没去矿山。李凤美独自一个人捡了一天的矿石,累得很,人累,心也累。刚刚回村,就发现村里人看她的眼神就有些不对了,想和谁打个招呼,谁就装着没看见,走了。凤美知道是为什么。

毛和兰再去矿山的时候,没有和凤美一道了。到了山上,有人就问毛和兰:“昨天卖宝贝去了吧,发了财,还来这捡矿石?”毛和兰有苦说不出,最后还是没忍住,把在村子里说过的来龙去脉,又在山上说了一遍。毛和兰又恨恨地说:“本来准备卖了钱要分给李凤美的,可是没想到她竟然要独吞。”

妇女们开始七嘴八舌地说开了,有骂毛和兰是个傻瓜轻易相信别人的,有骂李凤美利欲熏心的,有的煽风点火说那东西可能值好多好多钱,有的说李凤美还来捡矿石不过是遮人耳目罢了,更有的笑着说宝贝真有灵性埋在土里是会自己跑走的。

这天,白宏喜又来到山上,先到了毛和兰面前说:“毛和兰,你不是说东西扔水里去了吗?怎么又变成被李凤美藏起来了?”

毛和兰委屈地说:“早知道还不如扔到水里算了!”

白宏喜笑了起来,他又跑到李凤美身边说:“李凤美,本来我还以为是块玉,想不到是个手镯。要不我出点钱,你把那手镯卖给我吧?”

白宏喜说这话的时候,妇女们一起幸灾乐祸地看着这边,毛和兰在一边低着头拼命地用小铁爪刨着土里的矿石,咔咔作响。

事情有些僵。谁知李凤美猛地一下跪在面前的土堆上,哭了起来:“你们不要再这样糟践人了,我要是真拿了那个手镯,我跪在这儿发誓,我一家人不得好死,我儿子都不得好死!”

在场的人都突然被李凤美的举动惊呆了,就连毛和兰也停止了手里的动作。

白宏喜撇了撇嘴,掸了掸皮鞋上的土,点了一根烟准备离去,转身的时候丢下一句:“切,一个民国的破手镯,遮遮藏藏的,害得老子找得要死不说,还搭上两千块钱请人吃饭鉴定,最后他妈的竟然屁钱都不值!要不是看你们闹得快出人命了,我还懒得跟你们说,让你们放在心里面猜去。”

大伙儿一听这话,又是一番议论。只有李凤美和毛和兰你看看我,我看看你,啥也没说。

又到了收工的时候,李凤美扎好蛇皮袋,准备扛起矿石的时候,毛和兰低着头走到了近前,递过了她们常用的那根扁担。

也许心里的负担已经卸下了,可是扁担压在李凤美的身上,她还是感到很沉很沉……

为谁庆功

一、归途遇贼，有惊无险

年关岁末，王二农好不容易挤上了长途客车，他将包往过道里一扔，就一屁股坐在座位上。可能是王二农的动作有些大，邻座的大妈几次抬眼看着他，像是有话要说。可王二农坐上座位以后就开始闭目眼神，仿佛天塌下来也与自己无关的样子。邻座的大妈只好摇了摇头，没再继续盯着他上下打量了。

车刚刚驶出车站不久，突然有个乘客发现自己钱被偷了，那钱可是辛辛苦苦打了一年的工存下来的，说着说着就伤心地哭了。看着这人一把鼻涕一把眼泪的诉说，车上的人不禁都同情起来，一起帮着骂那没良心的小偷。这时，其中一个乘客的说话提醒了大家，这小偷会不会还在车上？

人们开始紧紧看护好了自己的行李，并用狐疑的眼光寻找举止异常的人。只有王二农得知这一情况后只是睁开眼瞄了瞄，又闭上了眼睛继续睡觉。这时，邻座的大妈再也按捺不住地捅了捅王二农说："大兄弟，看你也是个出门打工的老实人，你也注意点你自己的行李吧。"

王二农这时才迷糊着坐起身，随手拉了下放在过道脚边的行李，说声谢谢又睡了过去。大妈觉得这人还真浑，就直接对他说：“你瞧你的包都被人划破了，看看丢了什么吧？”王二农这才“哟”了一声，一看自己的包，果然已经开了好几道口子，明显是刀片划的，看来是真的有小偷光顾了。

可是，王二农并没有打开包检查，而是苦笑着摇了摇头说：“里面没啥值钱的东西。”大妈一想也对，这人看上去浑，可能心却比较细，早将钱放在安全隐蔽的地方了，就没再说什么。

王二农这才真正地坐起身，若有所思地看着窗外。

单说这王二农，下了车后就背起破包直往回奔，到家天已经黑透了。媳妇秀芳早已准备好了酒菜等着他回来呢。

王二农惬意地呷了一口酒，长长地吁了口气说：“还是家里好哇，要不是娃缺钱读书，就是打死我也不愿意出去打工啊。唉，你看大农和三农他们还在外面拼命不回来哩。”

秀芳见王二农说起了钱，就问：“那你今年打工的钱呢？”

王二农对着放在一边的包“呶”了一声，秀英忙不迭地过去打开包。接着就听见秀芳哇地哭出了声：“钱被人偷了！”

王二农也赶紧凑过来大呼：“不好。”

随后，王二农只有劝秀芳，钱偷了也就偷了，犯不着和自己生气，明年一定出去挣双倍的钱回来。

话是这么说，可秀芳还是心疼，和他生闷气，没再骂小偷，反而一个劲地骂王二农没用，钱都守不住，怎么不把人也丢了呢。

夜里，王二农上床之后，老着脸往秀芳身上凑，秀芳猛地转身给了他一个冷冷的背部。王二农轻轻叹了口气，没了心情，放弃了努力。隔了好一会儿，才轻轻地披衣起身去了院外，用他那破手机在和谁不停地说着话。

二、妯娌反目，众叛亲离

第二天，秀芳开始和王二农大吵特吵。秀芳冲着王二农质问把钱到底弄哪里去了，要不然昨晚半夜到院子里打电话给谁去了？

王二农觉得秀芳不可理喻。可是秀芳却不管不顾，这么多年的夫妻，她太了解了，二农不是那么个粗心的人，这钱指不定给了城里哪个小狐狸精呢。

正吵得不可开交，大农和三农的媳妇就进了门，一看这阵势大农媳妇就说："老二，这刚回来就吵什么吵啊？"

王二农低头没作声，秀芳像突然见着娘家人样哭诉起来。两个女人一听事由，脸就变了。三媳妇忍不住偷偷将王二农拉到一边问："二哥，我家老三说过年加班不回来，没叫你捎什么东西回来吧？"

王二农抬了一下布满血丝的眼，又低下头去说："老大和老三的钱都被小偷一并顺走了。"

这下可捅了马蜂窝了，三媳妇一听这话，立马炸了起来，开始大骂还没回家的三农。大媳妇赶忙一问原因，听过后也加入了三媳妇的队伍，两个人你一句我一句地骂着。反而让王二农夫妇俩面面相觑。

骂着骂着，俩媳妇的骂声就变了味，傻子都能听出来，是在骂王二农呢。她们骂自家的丈夫瞎了狗眼，自己不回来过年也就算了，还把一年的辛苦钱就这么败了。给谁败了？什么狗屁兄弟二农呗，指不定还给二农找个借口吞了呢。

毕竟是夫妻，秀芳一听这话不干了，就帮着王二农开始反驳她们俩的猜测，可渐渐地却演变成了对骂。

最后，王二农猛然爆发的大喝也没止住这场争吵，只能揪着头发蹲在墙边,一根接着一根地吸烟。

好不容易等到妯娌俩骂骂咧咧地走开,这场没有结果的争吵才算结束。

当晚,秀芳意外地打开了一直留在家里准备过年招待人的好酒,给王二农满满地斟了一杯,然后才腆着笑问:“二农,你和我说实话,这钱……”

王二农端起酒杯正准备喝酒,一听秀芳的问话,突然像疯了一样掀翻了桌子大骂:“你这婆娘良心给狗吃了,自家兄弟的钱我能吞得下去吗?”

又是一场家庭大战爆发。

就像王二农自己说得一样:“早知道这样就和大农三农一起在城里不回来了。”

秀芳哭着呛道:“你滚,滚回到城里你那狐狸精那里去,把钱全给了她你还回来做什么?这个家没你这个男人还不是一样?”

王二农看着伤心欲绝的秀芳,长长地叹了一口气,这口气,像是从皮球里放出来的一样,连人都放瘪了。

三、兄弟同谋,有苦难言

草草地过完了年,正月才开头,王二农就又背起破包行李,返回城里去了。一路上,王二农总觉得有个年轻后生老是注意着自己,但一想,刚出门打工的后生不都是这个样吗?

下了车,王二农坐上了公交车,那后生也挤了上来。公交车上人挺多,王二农就特地往里挤了挤,给后生让了一点空间,那后生却赶忙别过脸去,看像别处。王二农理解这种防备心理,就笑着摇了摇头,也没放到心里去。

王二农下了公交,就没心情再去看那后生,急匆匆地向街角的一个小医院里跑去。进了住院部,王二农推开了病房的门。大农睡在床上,胳膊上打着绷带。三农耷着头坐在一边。

大农一见二农进门就忙问:“老二,家里都还好吧?”

二农先看了看大农的胳膊，确定没事才说："我回家就打电话给你商量说这样不行，大嫂、弟妹她们俩和我家秀芳吵得不可开交呢。"

大农叹了口气说："就这样也比她们在家里担惊受怕要强。"

三农摸了摸头上的一个新疤，有些委屈地骂道："这些孙子，不给工钱也不至于把咱哥俩打成这样，你看这闹得，有啥事还不能和家里人说，还得瞒着。"

大农对着二农说："暂时委屈你和秀芳一年吧，等今年年底将工钱一并结了回家说清楚，咱一家人在一块儿过个好年。"

三农嚷道："还要在这儿白干一年？"

大农狠狠地白了三农一眼："不干？去年一年的工钱不要了？再说，这医药费人家不是已经答应再干一年就清账吗？"

三农的头又耷拉下去，不再吱声。

二农抽出一支烟，左右看看是医院就又放了回去，然后把那个破包拖了过来，从里面拿出一些家乡自制的炒米糖，红着脸说："你看这年过得。唉，啥也没带，就捡了点这个带来了。"

大农笑着尝了块点头说香，就又叫三农过来尝一块。

三农起身踢了一下那个破包："无端端毁了一个包不说，还可惜了我的刀片。"

兄弟三人咕吱咕吱地咬着炒米糖，都不再言语。

二农起身拿起热水瓶，去冲水。打开房门，一个人一溜跑着不见了，看背影倒有点像刚才那个后生。

四、媳妇讨薪，辛酸自知

大农出院了，兄弟三人又来到了工地上开始给人干活。

这天，工地的办公室那边突然传出几个女人的哭骂声。王二农循声看去，一看就知道坏了，是自家媳妇和她的俩妯娌，还有好几个不认识的妇女，看来她们是知道了自己的遭遇，来这儿闹事来了。

王二农赶紧叫上大农、三农一道过去看看。人是越聚越多，不一会儿，工地上的男人都赶紧过去拉自家的女人离开，大家都明白，可不能让老板再叫那些打手来打了这些“不讲理”的婆娘，那可真是“自讨苦吃”了。

果然，老板凶神恶煞地拿起电话，对着电话叫道：“对，人越多越好，我就不信治不了他们。”

不一会儿，一个后生带着一帮人就到了。二农一看，这后生有点眼熟，难不成他也是打手？

这时后生后面的人，纷纷拿出相机和摄像机不停地拍着这帮打滚撒泼的婆娘，这时大伙儿才知道这帮人是记者。有的记者还掏出电话报了警。

一见这阵势，大伙儿觉得要工钱可能有戏，就全放下了工具站到女人的队伍中来。

老板这下可萎了，赶紧打电话说：“人不要来了，事情已经处理了。”并对着记者的镜头许诺尽快发放工钱。

隔日，媒体争相报道着“媳妇讨薪队”。

接着，市妇联也介入了此事，正式组织成立了“媳妇讨薪队”，并无偿地为她们在劳动仲裁部门奔走，直到民工确实拿到薪水为止。

队伍迅速壮大。庆功会这天，大媳妇对着二农说：“老二啊，我和三妹的事你可别往心里去啊。”

王二农摇着头说：“嫂子，哪能呢？这不还为你们在庆功嘛！”

大媳妇又介绍了那后生给王二农，是她远房的一个表侄子，这次事件的策划可多亏了他。王二农突然想起来，这后生就是那次一直和自己一路的，原来是大嫂一直安排跟踪的。那后生对王二农叫了声“叔”，就不好意思地笑了起来。

王二农也一同嘿嘿地笑着，心里却无端地感到异常的辛酸。

逃　犯

一、死囚

房子开始摇晃的时候,侯进以为自己产生了错觉,可是这种错觉却越来越强烈。直到有人大叫:“地震了!”侯进才反应过来发生了什么事,整个号子里的人一齐涌向门边,可是大铁门还是紧紧地关闭着,无路可逃。

只有侯进没有动,他的心里闪过一丝恐慌,但随即却又坦然了。震吧!震吧!反正自己也活不了,还省得到时要挨枪子。

侯进的死刑裁定书是一个月前下来的,案件正在高级人民法院复审,等终审裁定一下来,就将奔赴刑场。

一阵天摇地动,侯进闭上了眼睛。不一会儿,世界仿佛安静了下来。侯进睁开了眼,一片漆黑,用手摸摸四周,全是硬邦邦的水泥块。再摸摸自己,胳膊、腿都还在。侯进推了推身边的水泥块,纹丝不动,试图叫一声,可刚张开嘴,狭窄的空间里,灰尘呛得自己一点声音也发不出来。

忙活了一阵后,侯进彻底绝望了,看来自己真的不用挨枪子了,可这种死法却挺让人难受。黑暗中的侯进胡思乱想起来,第一个想起的是娘。

娘把自己拉扯大，一天福也没享，自己就因为杀了不付工钱的工头进了班房。一想起老娘，侯进心就痛地厉害，恨不得立即就能死去，现在无法尽孝不说，还要在剩下的日子拖累她老人家。

侯进在看守所里，老娘每个星期都要来看一趟，虽然见不到面，但每次都会交些钱给看守所所长田大元转给他。

有一次侯进在号子里心情不顺打了人，田大元给了他一顿电棒后，生气地骂："你小子还是不是人？都这样了还不好好反省一下自己，你对得起你可怜的老娘吗？你知道她每次给你送来的钱是什么样子的吗？全都是零头票子，那一块一毛的可全是她外面要饭要来的！"

侯进本来是僵着头对着田大元，但那一刻，眼泪就没出息地淌了出来，他像狼一样对着田大元吼道："所长，你拿枪毙了我吧！"

田大元当然不会掏枪毙了侯进，反而叮嘱其他犯人一定要好好看着他，防止他想不开自杀。

想到这里，田大元现在不知道怎么样了。可是，如果田大元被压在废墟下，一定会有人救他，而自己这个罪犯，说难听点，就是人渣，灭都来不及灭，谁还会有心情来救呢？

二、获救

侯进慢慢昏睡了过去。也不知过了多久，他迷迷糊糊听到头顶有声响，出于求生的本能，就开始大声地呼救起来。上面的人终于听到了侯进的呼救，应了声，竟是田大元。

时间一分一秒地过去，当侯进终于从田大元掏开的一个猫洞里钻出身，呼吸到第一口新鲜的空气的时候，他感觉到空气中仿佛还弥漫着一股自由的味道，四面的墙壁不见了，铁门铁窗不见了，高墙电网也不见了。

田大元就站在侯进面前，整个手掌一片暗红，上面满是鲜血和泥土，看来他是徒手将侯进扒出来的，但他看着灰头土脸的侯进还是笑了：“我就知道你小子死不了，不找出你我不甘心啊。”

侯进看着高兴的田大元说：“所长，反正我是快死的人了，救了我也没什么意思。”田大元瞪了侯进一眼，拉着侯进就走：“这儿还不安全，可能还有余震，快和我一起转移。”

路上，侯进才知道自己已经被埋在地下一天一夜了。地震的当天，幸免于难的田大元不但没逃，反而找来附近武警中队的战士帮忙抢救，因为看守所是平房，所以很快就挖出了在押人员，有死有伤，只是点来点去还是少了侯进。当时来不及再找，就先将全体在押犯先转移到了安全地带。第二天，田大元不死心，不顾大伙儿的阻拦又一个人回来找。果然，还真找着了。地震时，所有的人都是挤在铁门边，谁也没想到，侯进会偎在后面的角落里。

三、逃跑

因为地震，已经没有路了。田大元搀着侯进，两个人手脚并用，摸爬着翻越一座又一座小山样的瓦砾废墟。侯进和田大元谁也没再说话，侯进的心里却活泛起来，看现在这儿的情景，如果自己能逃走，不但不用挨枪子，而且说不定还重新自由了。

沉默的田大元仿佛知道了侯进的想法，搀着他的手暗暗地加了一把劲。此时的侯进又累又饿，想要挣脱田大元也不是件易事，看来只能瞅准机会行事了。

这时，他们看到前方一座坍塌的楼房前，一个白发苍苍的老妇正一边撕心裂肺地哭喊着，一边用手不停地扒着。

田大元转脸看了看侯进，侯进明白了田大元的意思，犹豫了片刻，还是点了点头。

田大元松开了手，甩着膀子就过去了。侯进站在原地发呆，他有些后悔自己为什么会那么肯定地点头，因为现在就是逃跑的最好机会。

老妇人的哭喊一声接着一声，零乱的白发因为汗水贴在枯黄的脸上，让侯进的心无端地痛了起来。他咬了咬牙，也冲了过去。

两个人拼命地挖着，侯进手上的血也渗了出来，钻心的疼，可心却越来越热。终于，一个奄奄一息的青年人被拖了出来，老妇人一把扑了过去，抱着青年人死死不放，青年人醒了过来，张了张嘴，轻轻叫了声妈。母子二人抱头痛哭。

侯进和田大元的眼里都蓄满了泪，看着面前的这一幕，田大元扯着嘴角想给侯进一个笑，可侯进却突然像疯了一样转身就跑。田大元在后面不停地追喊着。

四、娘亲

等到再也看不到田大元的身影，侯进才放慢了脚步。一路上没有人再关心这是一个穿着囚服的罪犯，甚至还有路边防震棚里的好心人给了侯进一点水，一个馒头。

侯进跌跌撞撞地找到了一堆瓦砾，嘶声大叫：“娘！”可是却没有一丝回音。

侯进开始漫无目的的用手扒，旧伤还在疼痛，新伤不停地增加。但此时的侯进已经麻木了，直到天色完全黑了下来，侯进终于累得趴在废墟上睡着了。

第二天醒来，侯进滴水未进就开始双手扒，嘴角泛起了血泡，可他还是不甘心。他是来接娘和他一起走的，到一个没有人认识的地方好好生活，重新做人。

就在侯进像疯了一样拼命扒着的时候，他听到了身后一声颤巍巍地喊声："进儿!"

回头，侯进看见了佝偻着身子的娘，不过娘的身边还站着一个人，田大元。

像是条件反射，侯进转身想跑，却听见娘又颤声喊了声："进儿，你回来!"

侯进终是站住了身，走到娘的近前。娘一把抓住了侯进的手，两行老泪顺延而下，侯进的泪也止不住涌了出来。

娘告诉侯进，地震当天她正在外面讨饭，所以没事。可她一直担心在看守所的儿子怎么样了，昨天好不容易找到了看守所，却发现什么也没有了。就在她欲哭无泪的时候，看见了所长，所长告诉她老人家，侯进没事，而且他们母子很快就能见面。所以，今天所长就带她来到了这里。有些路不太好走，都是所长背着她过来的。

侯进感激地看了一眼田大元，田大元呵斥到："你别以为我不知道你小子心里想的什么？有什么话快和你娘说，说完了还要跟我回去。"说罢偷偷对侯进亮了亮腰间的手铐。

侯进梗着脖子说："那也要先安置好我娘，要不然你就现在毙了我。"

田大元没再说什么，搀着侯进的老娘转身就走，侯进默不作声地跟在了身后。将老娘送到政府安置灾民的地方之后，侯进猛地跪在老娘的面前，磕了三个响头。然后，将手伸到了田大元的面前。

五、希望

在回去的路上，还是一样的坎坷，可是侯进却觉得心里轻松了一大截。

他问田大元:“所长,我昨天算不算逃跑,会不会罪加一等?”

田大元说:“算!只要私自脱离监管就是逃跑。”

侯进苦笑了声:“所长,你说都已经死刑了,罪加一等还会加到什么程度。”

田大元沉默了半晌说:“终审裁定没下来之前,谁说了都不算。再说,高院还可以根据羁押的表现给予记功嘉奖,量刑方面可以考虑减轻。比如你昨天在特殊羁押期间救人的表现就很不错,这一点,我会给你上报的。”

不知不觉又走了一段,前方不远处又有人在废墟里抢救伤员。和上次一样,田大元转脸看了看侯进,侯进还是犹豫了片刻,不过这一次没有点头,而是将戴着手铐的手伸了过去。

田大元掏出钥匙,打开了手铐。于是救援人群中就多出了一身警服和一身囚服。

此刻,侯进觉得自己不是在救别人,而是在救自己……

人在江湖

一

十几年前，我有一个现在难以启齿，当年却引以为豪的身份——古惑仔，也就是混混。千万别以为我们像电影中的古惑仔那么风光，那只是电影破折号，现实远远不是这样的。现在想来，当一个混混，除了能在大街上公开吐痰外，实在找不出还有什么其他好处了。但那时的我，却固执地认为，这很有英雄气。

那天，我正在街边等公交车，一辆崭新的摩托路过，突然刹停。车主微笑着招我上车。我一看，是儿时的一个玩伴，阿胞。

说起阿胞这人，一时还真说不完。这么说吧，读书的时候，阿胞是我们班最有名的笨蛋，也是我们整日嘲笑的对象。用老师的话讲就是，念书全都念到书壳上去了。

可现如今，摩托车上的阿胞却看上去很牛，理着四大天王的头型，还打着摩丝，贼亮，这让我隐隐有些嫉妒。

那天阿胞用他的摩托载了我一程，如风驰电掣。下车的时候，阿胞和我聊了起来。其实我并不想和阿胞多说些什么，但阿胞的一个提议引起了我的兴趣。

阿胞说有一个挣钱的好机会，但他抽不出身，如果我愿意，一个月至少能挣好几千块。在那个年代，月收入能达到几千，对我而言，不亚于一笔巨款。我有些不信，但看到阿胞如今的情形和他言语间的自信，又不由得有些动摇。

在我的追问下，阿胞说出了他的想法。

我们家地处长江之畔，这一年，我们这儿来了一批浙江的采砂工程船。那时候，采砂工程船还非常少见，我还是头一次听说。阿胞就靠给这些工程船和来买黄沙的运输船上卖些新鲜的蔬菜，才得以赚钱的。

阿胞说："知道我为什么卖菜都能赚这么多钱吗？那些工程船生意特别好，买菜根本就不问价，说多少就给多少。所以很有赚头。"

到这儿为止，我还没明白阿胞的意思。阿胞神秘地一笑："其实你可以去给他们卖茶叶。"阿胞的话刚说完，我差点没给他一巴掌。这算什么办法？蔬菜是生活必需品，而茶叶，工程船上要是不买怎么办？

阿胞看了看我说："你从小就比我聪明，你不会想办法让他买吗？工程船上的全是外地人，不会轻易得罪本地人的，因为他们要在这里做生意。只要你拿出点气势，别说卖茶叶，就是白要，他们也会给的。因为你的茶叶钱，和他们赚的钱比起来，不过是九牛一毛罢了。"

我依稀有些明白了。

那天晚上，我回去想了很久，想想穷困潦倒的自己，又想想如今人模狗样的阿胞，我狠下心来了作出了决定：干。

二

两天后，我借钱买了几斤劣质的茶叶，租上一条小船，并叫上了黄二和麻三一起，向江心的采砂区驶去。我站在小船的最前端，吹着猎猎江风，心里涌动着莫名的兴奋和惶恐。

好几条工程船在江心轰鸣，像一只只钢铁怪兽，它们的旁边是装沙的货船。有源源不断的从江底吸上来的黄沙，从货船两边的皮带输送机输出，像是一双双的翅膀。

我爬上了其中的一条工程船，找到了他们的老板。老板一看就是个生意人，满脸堆笑，问我有什么事？我开门见山地说，我是岸边的无业青年，在家无事可做，所以来卖点茶叶，希望老板能给个面子。老板犹疑地看了看我身后的几个混混，支吾地问多少钱一斤。

笑容满面的老板对茶叶并不感兴趣，但我从他的语气里读出了谨慎和害怕。

我咬了咬牙说："一百块。"其实，我的茶叶每斤只花了二十块。

老板稍稍犹豫了片刻，正想说什么。我身后的黄二狠狠地咳嗽了一声，然后挑衅似的看着他。麻三也没闲着，在老板干净的船厅里吐了一口痰。老板没再作声，而是急急地拿出一百块钱交给了我，买下了一斤茶叶。

当我拿到一张百元的大钞，简直难以抑制心中的兴奋，迫不及待地上了第二条工程船，继续这很有前途的买卖……

就这样，第一次出马，我有了八百块钱的收入。每一条工程船都买了我的茶叶，没有一个人说不愿意。有一点，不得不承认，黄二和麻三功不可没。他们的造型，活脱脱就是流氓，不但看上去吊儿郎当，而且透着一股凶狠之气。

回来之后，我们请阿胞吃饭。阿胞哈哈大笑说："我说你肯定能搞得成，其实这点钱对船上来说根本不算什么，你明天还可以去卖大米什么的。反正，只要你能想到的，都可以卖。"

那一天，我们都喝得大醉而归。

三

尝过几次甜头之后，阿胞又叫了两个小混混加入了我们的队伍。我觉得这没有什么不好，因为这样我们的声势看起来更加浩大，对方也就不会还价了。茶叶卖完卖大米，卖完大米卖香烟。因为人员加了，我们的“商品”也跟着涨了价。当然，其间也有人不愿意，但一看我身后翻着白眼，抽着香烟的古惑仔，终于还是息事宁人。

我终于找到了一个赚钱的好职业。有了钱，我也开始规划起自己的“事业”来。我给跟在后面的每人每天五十元工资，这在当时已经是很高了。剩下的钱，都归我所有。这件事，从一开始就是我带的头，多拿一点，看起来似乎无可厚非。不是吗?

只可惜，好景不长。半个月后的一天，我又准备上船。可黄二他们却联系不上了。不过现在我对这个已经轻车熟路，联系不到他们也没事，还省得我发工资，我就不信船老板敢不买账，于是我决定一个人前往。等我到了工程船上，却发现阿胞向我走了过来。阿胞笑着对我说:“阿三，给个面子，这条船是我朋友，就算了。”

我不禁有些奇怪，阿胞这是怎么了，但既然他这么说了，面子我还是会给。我于是又去了另一条工程船。可另一条工程船上，黄二在上面!

这是怎么回事?

黄二告诉我，工程船老板们已经和阿胞达成了协议。只要工程船在这儿作业，每条船上阿胞都会派一个人来保护他们，禁止再有这样的非法买卖出现。这样一来，每条工程船每个月都会给阿胞一定的“辛苦费”分给弟兄们，阿胞答应每人每月不少于一千。这一千块，虽然看上去不如我给的多，但是我是日结，不来就没有，而阿胞给的是月结，稳定，而且阿胞保证会长久,像个正式的工作,也不用乘着小船风里来雨里去。所以当时跟着我的几个人,都已经同意,被阿胞安排在各个工程船上了。

我的脑子“嗡”的一声,第一反应就是,我被阿胞利用了。

是的,现在不难看出,所有的一切,都是阿胞下的一盘棋。阿胞故意挑唆我们来卖茶叶,给船上造成困扰。然后他再从中做和事佬,拍胸脯说可以罩着他们,再从中捞取好处。这和收保护费有什么区别?可他比卖茶叶看上去名正言顺多了,不是吗?

不行,这事不能就这么完了。阿胞我平时都不放在眼里,现在竟然摆了我一道,我不能就这么算了。

我找到了阿胞,质问他为什么这么做?阿胞笑着回答我,这些工程船都是自愿请他的,他也没办法。只是他还没来得及通知我,如果我愿意,也可以帮他看护一条船,每个月可以特例给我开一千五的工资。

一千五,已经很高了。如果从一开始,就有这样的收入,我或许会感激涕零。但如今,我已经尝到了甜头,我要的远远不止这些。况且,我心里还有一股怒火,无法发泄。

这时,阿胞拍了拍我的肩膀说:“兄弟,别说我没提醒你,你卖高价茶叶,为什么没人报案?还不是因为我告诉船老板,不要报案,我们这边的人非常齐心,你抓了一个,会层出不穷的。”

或许,阿胞说的是真话,但也是为了他自己。我甩开了阿胞的手,恨恨地丢下一句:“走着瞧!”

四

《古惑仔》中有一句经典台词:出来混,要讲信用,说了杀你全家,就一定要杀你全家。当然,我说走着瞧,肯定就不会是一句空口白话。

我休整了三天。三天的时间,够了。我让阿胞暂时得意三天吧。

三天后,我又独自一个人去了工程船上。船老板再也没有了之前待我的“热情”,他们现在有“靠山”了,可以不把我放在眼里了。我没有和老板说什么,而是微笑着问:“谁在保护这条船?把他叫来。”

老板于是叫来了麻三。

麻三一见是我,放松了警惕,笑着问我来干什么?麻三这样的人物,在陌生人眼里看来确有凶狠之相。但我熟知,麻三只不过是色厉内荏的货。也好,这样我更有把握了。我笑着说对麻三说:“干老本行,想让你们帮忙销点肥皂。”

这里,我说的是“你们”。说罢,我把一块肥皂扔在了桌上。

麻三一愣,但随即反应过来,小声说道:“三哥,这样不好吧。这条船胞哥让我在上面管理,这样闹起来,大家都没有面子。”

面子?麻三这厮,已经忘了是谁把他们带到江面上来的了。我冷笑了一声:“那你就把你的胞哥叫来!”

船老板仿佛也知道事情有些僵,就主动上前说:“大家都别闹不愉快,这块肥皂多少钱?我买了。”

我白了船老板一眼:“这块肥皂不是卖给你的,你别掺和!”船老板见我的表情很生硬,于是没再吱声。

麻三一时有些为难,但想了想,转身出去,离开了工程船,跳上小船,去找阿胞了。我知道,好戏就要上演了。

没过多久,阿胞带着麻三和其他几个混混赶了过来。阿胞脸上的表情有些僵硬,他挤出一丝笑容说:“阿三,何苦呢,让人看笑话,有话我们下船说好不好?”

“不好!阿胞我告诉你,我不管你们来多少人,今天除非你敢把我扔到江里去,否则我既然来了,这块肥皂就必须卖出去。”说罢,我从兜里掏出准备好的西瓜刀,扔在了桌上:“要么,有种的拿起刀,把我砍了!”

所有的人都愣住了,不知道该如何处理我这“搅屎棍”。阿胞突然笑了起来:“好好好,我买,这块肥皂算我的,你说多少钱吧?”

“两千!”其实我要的不是这两千块钱,是我的这口气。

“我给!”我没想到阿胞会这么干脆地答应了我的“天价肥皂”。阿胞转头向船老板借来了两千块,交到了我的手里。我反而有些不知所措了。阿胞真是太不堪了,这么容易打发,他的这项“事业”还能维持多久?

我的目的已经达到了。我就是来砸阿胞的招牌的,他不是和船上合作了吗?现在,我就来煞煞他的威风,可阿胞已经认怂,再闹下去也没什么意义了。我并没有被暂时的胜利冲昏了头脑。我收起两千块,冲着船老板说道:“好,那我明天再来。”

五

明天,是一个充满变数的词语。就在我想当然地等着阿胞来找我谈判解决的时候,却等来了派出所的民警。

我被民警反剪着逮到了派出所。我像电影里一样高呼冤枉,警察问我白天去船上干了些什么?我如实告诉他们,我上去卖了一块肥皂,这是交易,一个愿打,一个愿挨的事,犯得哪门子法?

警察轻蔑地笑了一声,摇着头说:“没文化,真可怕。”

不久之后,因为人证物证俱在,我因敲诈勒索的罪名被判了两年刑。我终于还是着了阿胞的道,这孙子,竟然不按江湖规矩来。

因为刑期不长,我被留在看守所劳动改造。一年多以后,阿胞到看守所来看我。

阿胞这次是开着轿车来的,还拿着“大哥大”,打扮得和电影里的老大很相像,可见真的挣了不少钱。而且,我听新来的犯人说,阿胞现在真的成了老大了。他的手下有许多小兄弟,可谓威震一方。如今,我恐怕真的再也斗不过阿胞了。

阿胞隔着铁窗告诉我,我走之后,当地的人都知道采砂是个暴利的行业,常常来骚扰,所以他改变了和工程船的合作方式。阿胞负责打点外围,包括向政府交纳资源费用和处理当地的人际关系,而工程船只负责生产赚钱。

走的时候,阿胞语重心长地说道:“阿三,出来混,只凭勇气是没用的,还要有智商,要不然一辈子只能是个混混。”

我不知道该怎么回答。阿胞后来又送给了我一本书。书名叫《孙子兵法》,孙子才看孙子兵法呢,太阴险了!书我虽然没看,但阿胞在书壳上写着歪歪扭扭的几个字,格外刺目:人在江湖漂,哪能不挨刀!

唉,念书念到书壳上的人也来教训我了。

快要出狱的时候,我得到了一个消息,阿胞也被抓起来了!

阿胞被抓的过程也颇具戏剧性。他和工程船合作后,一次,被阿胞灌醉了的工程船老板对阿胞推心置腹地说,这么多工程船,完全可以少上报几条,谎称在维修,就可以省去一定的资源费用。这样一来,阿胞就能赚得更多了。

阿胞采纳了工程船老板的建议,可是没过多久,阿胞就被人举报了,以盗窃国家资源罪被抓了起来。工程船也被罚了不少款,工程船的罚款是船老板自己交的。也许你会觉得工程船损失惨重,其实不是,举报的人正是工程船的老板们,他们根本不在乎那点钱,他们只是想把阿胞这样的老大级别的人物扳倒后,就再也没有人敢去骚扰了。

阿胞垂头丧气地告诉我,其实他是着了船老板们的道。唉,人在江湖漂,哪能不挨刀!

不久后，长江禁采，工程船全都开走了，工程船的尾浪拖得很长，但是很快又恢复了宁静。

我终于明白，或许我真的不适合这样钩心斗角的江湖生活。出狱后，我找了一份安分的工作，从此再也不以古惑仔自居了。

杨一手的困惑

二十几年前，在良风村一带，无人不知杨一手。

杨一手是谁？当年名噪一时的民间艺术家，糖画一绝，曾去过省城，给某领导的母亲做了个巨幅寿字糖画，糖画上的寿桃里是那位老母亲栩栩如生的笑脸。

当年，县里曾力邀杨一手去文化馆任职，杨一手没答应，理由很简单，一个手艺人，当不好公家人。用句说书的话讲，一生闲云野鹤，哪堪俗务缠身。

所以，杨一手一直生活在良风村。只要是良风村的孩子，不管家里有钱没钱，都吃过他的糖画。孩子的眼里没有艺术，只有糖的甜味，做得再精美，放在手里把玩一阵子，最终还是进了肚子解馋。杨一手看着孩子们满足的样子，脸上写满了笑。

一晃，孩子们都长大了，新一茬的孩子们本来就泡在蜜罐里，零嘴多得数不过来，没人再对糖画感兴趣了。杨一手的生意也就萧条了，他彻底地收了摊，在家安度晚年。

杨一手不再是杨一手了，也用上了村里老年人通用的代号——老杨头。有人偶尔谈论起当年的杨一手，就有孩子稚声稚气地插嘴问："爷爷，杨一手是谁呀?”

这天,镇里的学校开学了,老杨头竟然又起炉灶,把糖画摊摆在了学校门口。老杨头的手脚远不如从前利索了,摆好摊子,就坐在墙角晒太阳,眯缝着眼睛,似睡非睡。

开学第一天,来送孩子上学的家长有不少认识这个老艺人的,谁也没有料到当年风光无限的他会落到今天这步田地。偶尔有家长客气地和他打个招呼,却在心里暗自揣摸:怎么这么大年纪还出来挣钱,儿女真是不孝啊。

要说老杨头的儿女还都挺有出息,儿子做生意,收入不错。女儿也考了大学,嫁给了城里人,生活富裕。由此看来,路人的猜测还真不假。

第一天,老杨头一个糖画也没卖出去,偶尔有好奇的孩子想看看老杨头在卖什么,都被家长们连哄带骗地牵走了。

晚上回到家,老杨头刚吃过晚饭,儿子就气冲冲地回到了家,无缘无故把媳妇叫进房里,不一会儿,就听见媳妇在房里哭。

小两口吵架,老杨头觉得应该站出来说儿子两句,不管谁对谁错,毕竟是男人,应该让着点。

谁知,老杨头还没叫来儿子,儿子就到老杨头的面前问:“爹,是不是儿媳妇惹您老人家生气了?”

老杨头一惊:“没有啊!”

儿子又问:“那您怎么出去摆摊了?”

老杨头这才明白儿子是误会了,连连摆手说:“这怪不得她,是我自己天天闲得慌,没事出门转悠转悠。”

儿子一听这话,说:“爹,你可不能这样,就算当年我没听您的话,现在的日子过得不也挺好?你可不能这样出门摆摊,让别人戳我的脊梁骨。”

老杨头听了儿子的话,有些发蒙。儿子当年不听话,说什么也不学糖画这门祖传的手艺,为这事,父子俩差点断绝关系……最后,还是老杨头做出让步。儿子如今有了点出息，老杨头也无话可说。

看着老杨头默不作声的样儿，儿子以为父亲已经没事了，就放心地回房哄媳妇去了。

第二天，老杨头还是不作声地挑着个挑子，去了学校门口。

第二节下课，一个穿得像小绅士一样的小孩出现在老杨头面前。小绅士问："爷爷，您这是卖什么呢？"

老杨头笑着说："糖画。可以吃的画，甜！"

小绅士眉毛结在了一起，抓了抓头，掏出了一个钢镚问："多少钱啊？"

老杨头笑着摇摇头，小绅士好奇了，又拿出一张五元的票子说："爷爷，那您看这个够吗？"

老杨头的笑容更密了，但还是摇了摇头。他指了指面前的小黑板说："孩子，爷爷的糖画不要钱，但是你必须在黑板上画个画，要是画得好，爷爷就照着样给你做个大的。如果画得不好，爷爷就只能给你做个小的了。"

小绅士将信将疑地看了老杨头一眼，然后犹豫地拿起粉笔，歪歪斜斜地画了个太阳。

老杨头看过之后，哈哈一笑。把本来就熬好的糖稀放在勺子上热了一会儿，然后端起勺子，也做了个太阳。等糖稀冷下来，一根小棍就把太阳稳稳地举了起来。

"太阳"很小，但是小绅士拿到之后，还是非常快乐，说声"谢谢爷爷"就跑开了。

就这样，老杨头的"生意"在学校门口火了起来，孩子们利用课余时间，都挤在老杨头的摊前，老杨头还是不急，让他们排好队，一个一个地来，反正每个人都不会失望。大大小小的糖画"卖"出去了无数。

傍晚，老杨头的儿子又得到了消息。这次，儿子没再和老杨头说什么，原来他老人家真的是为了打发时间。这样也好，给邻里落下个好口碑，没人背后说闲话了,家里又不缺这点钱花。人老了,爱怎么折腾就怎么折腾吧。

老杨头的心情也不错,孩子们如花的笑脸就是他最好的安慰。

话又说回来,糖画再甜,也比不上那些五花八门的零食好吃。过了几天,老杨头摊前的孩子渐渐少了。再说,老杨头做的糖画有大有小,拿到小糖画的孩子多少有些不乐意,所以,有的孩子也不愿再来"献丑"了。

老杨头也知道,这个摊摆不了几天,可是,他还有一桩心事未了啊。

今天的最后一个小客人是个虎头虎脑的小子,含着指头,吸着鼻涕站在了老杨头的面前。老杨头和蔼地问:"孩子,你准备画点什么呢?"

小男孩看着天想了想说:"我要最大的!"

老杨头哈哈地笑了:"好!你要是画得好爷爷就给你做个最大的!"

小男孩吸了一下鼻涕,拿起粉笔认真地开始画。

果然,小男孩画了一条飞龙。看着画板上的画,老杨头心头一阵暗喜,就是他了。

老杨头真的给小男孩做了一条最大的飞龙,但唯一不同的是,在小男孩的糖画拿到手后,老杨头不但问了小男孩的姓名,还问了他的家庭住址等等情况。

小男孩也不怕生,一一说了之后拿着糖画屁颠屁颠地跑了。

收了摊之后的老杨头,没有回家,而是买了些水果,直接去了小男孩的家里。

到了小男孩家之后,老杨头傻了眼,原来小男孩的父亲曾想拜杨一手为师,可是杨一手却以这门手艺是祖传的而拒绝了人家,如今……

老杨头把水果放在了桌上,支支吾吾地说了半天才说明来意。原来,老杨头一直想找一个有天分的孩子,把糖画的手艺传下去,所以他想收这个小男孩为徒。

小男孩的父亲忙不迭地说使不得,只听说过去有送礼拜师的,还没听说过送礼认徒的。老杨头听出小男孩的父亲并没有嘲笑之意,但还是紧张地请他定夺。

最后,小男孩的父亲提到了文化馆,说文化馆才可以将这门民间艺术发扬光大,单单传给一个孩子是没有用的。再说,现在的孩子将来也不一定能指着这手艺吃饭过日子呢。

老杨头听明白这是婉言拒绝。三十年河东转河西啊,于是他黯然地离开了小男孩的家。

彼时,文化馆也不存在了,曾有熟人开着玩笑说:“当初你幸亏没去当那什么馆长,要不然还弄了个下岗哩。”

这样的安慰话老杨头听过不知多少遍了,以前他只是微微一笑,颇有塞翁风范。

可现如今又提起文化馆,老杨头若有所思地看着远方,有些走神。也许,过去的某些观念应该改变,可是,曾经的民间精髓我们也不能随手丢弃啊。

第三辑

传奇篇

第三辑

挥 泪 斩

一、疑点重重

这一日，张怀圣正端坐在刑部照磨所内，手持卷宗，凝神苦思。屋外，柳燕踮手踮脚地偷偷进了门，猛地抽掉张怀圣手里的卷宗。张怀圣被吓了一跳，但一见是柳燕，只好起身来夺卷宗："别闹，没看见我正在办正事呢！"

柳燕嗔怪道："就你正事多，人家都是歪门邪道。哼！"说罢，把卷宗往案上一摔。张怀圣无奈地摇了摇头，正要解释两句，却又听得柳燕"呀"的一声大叫。张怀圣瞪着柳燕，不知她又要出什么蛾子。

柳燕一本正经地指着卷宗说："这个案子上的侯武，我认识，他和我一样，都曾是白莲教的。"张怀圣一听，也忘了柳燕胡闹的事，连忙说道："我正觉得这个案子有点不对。"然后滔滔不绝地和柳燕说起案情来。

一个月前，奎城发生了一起大案。州县银库重地，两名当值的看守在夜间被人杀死，银库里的白银一万余两被盗一空。现场留有尖刀一柄，后经查证核实，此刀为该县屠户侯武所有。半个月后，捕头终于将侯五捕入大牢，侯武对所犯罪行皆供认不讳，案情供认皆符合现场描述，可是所盗赃款皆已挥霍一空。此案至此,申报结案。

柳燕听完,不解地问:“这就是个普通的刑案,没有哪里不对啊?”

张怀圣微微一笑:“这我等会再告诉你。你先和我说说侯武是个什么样的人。”

柳燕肯定地说道:“从年龄和画像来看,肯定就是这个侯武。说起这个人,在白莲教里,应该算是个褒贬不一的人物。”

话还得说回到天启二年。这一年五月,山东徐鸿儒煽动白莲教教徒起义,侯武当时是徐鸿儒手下的一个头目。起义不久,徐鸿儒自立为中兴福烈帝。徐鸿儒称帝之后,就暴露了原本暴戾的本性,不但沉溺于酒色,还视教徒众人性命如草芥。侯武这才意识到,徐鸿儒起义的真正目的只是为了权力,而不是为了大家。于是侯武决定偷偷向官府投诚。可是官府却怕侯武是诈降,提出一个条件,让侯武带着徐鸿儒的首级来降,必然高官得坐,如若不然,断不接受侯武的队伍。此时的侯武已经骑虎难下,只好铤而走险,集结了几个最贴心的弟兄,去暗杀徐鸿儒。

不料,徐鸿儒已经得到了风声,早有防范,侯武一行人还没有到达徐鸿儒的宅院,就被一群人围杀。侯武的弟兄们拼命顽抗,护送身受重伤的侯武上马逃走,其余的人全部被杀。此后,侯武变成了一个瘸子。不久后,徐鸿儒起义失败,被官府剿灭,官府虽然没有治侯武的罪,却将他弃之不用。侯武走投无路,只有在奎城做了一个普通的屠户。

张怀圣听完,点头说道:“也正是因为如此,侯武才心有不甘,盗取了银库。当年起义时他们曾占领过奎城,知道银库的位置和结构,所以才能得逞。”

柳燕反问道:“有了动机,那就更合理了,可你还没告诉我哪里不对劲呢。”

正在这时,屋外传来一个阴阳怪气的声音:“我说怎么找不着人呢,原来两个人躲在屋里卿卿我我呢。”柳燕一听，不由脸一红，大骂道：“死胖子，狗嘴里吐不出象牙来！”

说话间，胖子刘庆和严参一同进了门。

张怀圣也不生气，知道胖子就这德行，故意把他晾在一边，一把拉过严参说：“严参，你来得正好，你来分析一下这个案子。”然后，把案情和刚才柳燕所说之事原原本本地复述了一遍。

严参听罢，皱起了眉头，头头是道地分析道：“此案有三大疑点。第一，侯武是个残废之人，怎么能轻松地杀死两个身强体壮的守卫？第二，一万两白银那么重，侯武一个人怎么能轻松运走？第三，一万两白银不是个小数，侯武怎么会在半个月之内挥霍一空？所以，此案貌似是普通的刑案，但其中定有猫腻。”

张怀圣连连点头称赞。

这时，被冷落在一边的胖子刘庆不干了：“哟哟哟，依我看，这个案子用脚后跟都能想出个所以然来。”说罢，刘庆学着严参的神态说：“第一，这个案子肯定是劫财杀人案，要不然侯武也不会那么痛快地认罪。第二，一万两银子肯定是丢了，但是不是侯武花光了，还是被人在办案时趁机匿了，不得而知。第三，张大人最好不要碰这个案子，说不定又要得罪哪个权贵的亲戚，到时大家都下不来台。”

严参斥责道：“胖子，亏你还是个吃皇粮的典吏，这么不负责任的话也能说得出口，照你这么说，什么案子都不用查了。”胖子也当仁不让：“你负责，可是你能改变现状吗？”

一时间，两人吵得不可开交。张怀圣一声低喝：“别吵了！你们两个故意一个唱红脸，一个唱白脸，激我彻查此案，我看不出来？奎城离此地只有一天的路程，都先回去准备一下，明早出发。”

严参和刘庆退出门外，对视一笑，心照不宣。

二、无人的村庄

次日一早，张怀圣带着严参刘庆早早上了路。一路上，刘庆总是回头张望，心不在焉的样子，严参有些不耐烦地说道："胖子，磨蹭啥呢？"刘庆拿眼瞟了一眼张怀圣，却见张怀圣心无旁骛的样子，只好欲言又止。

刚出城门，一骑快马从后面追来。柳燕气喘吁吁地赶到三人面前，指着刘庆说："胖子，你也太不是东西了，怎么也不等等我就走？"刘庆哭丧着脸："怎么又是我的错，要不是我走得慢，早就出城二十里地了。"

柳燕恨恨地瞪了一眼张怀圣，张怀圣笑着说："柳姑娘，本来并没打算带你去，你一个女孩子家，跟着我们出远门多有不便。"

柳燕怒道："女孩子就不能出远门？你们瞧不起人！"说罢，委屈得眼泪都快下来了。

刘庆一见柳燕真急了，赶忙过来打了个圆场说："此案事关白莲教，柳姑娘又知道侯武的一些底细，有她在，说不定能帮上大忙呢。"

就这样，一行四人，开始往奎城出发。一路无话，转眼日已西斜，可奎城依然不见踪影。张怀圣不禁有些疑惑，一直有些赌气的柳燕这时扑哧一笑说："在上个岔路口就走错了，这一带我比你们熟。"

刘庆一听，大声嚷嚷起来："柳姑娘，这就是你的不对了。既然知道错了，怎么不早说，害我们跑冤枉路。"柳燕恨恨地说："谁让你们看不起人！我就是不说。"

严参转头要往回走。柳燕说："别急，如果张大人能向我认个错，前面还有一条近路，可以到奎城。"说罢，得意洋洋地看着张怀圣。张怀圣哭笑不得，只得拱手作揖道："柳姑娘你大人大量，巾帼不让须眉，此案如果得破，当记你首功一件。"

柳燕这才转怒为喜，策马在前，转上了一条羊肠小道。

黄昏时分，众人来到一座山前，山的那边就是奎城了。山脚下，散落着一个小小的村落，远远看去，大约七八户人家，皆是破旧的草房。穿过村落时，小村里没有一丝声响，张怀圣突然停住脚步说："你们有没有感觉到哪里不对？"

严参回道："已是掌灯时分，正是农家晚餐之时。此村却无一星灯火，无一丝炊烟，着实有些奇怪。"

张怀圣沉吟了片刻，直接向路口一户人家走去，对屋里喊问了几声，却无人应答。刘庆走过来，惊奇地说道："门没有锁！"随手推门，门应声而开。张怀圣打亮火折，点起桌上的油灯，灯内尚有半盏油。两人四处查看，屋内空无一人。

不一会儿，严参和柳燕也从外面进来，严参说道："其他几户人家也没有人影，整整七八户人家，怎么会空无一人？"

张怀圣伸手摸了摸桌子说道："从桌上的灰尘来看，屋里已经好几天没人打扫了，有谁会这么匆忙地弃家而去？"

严参说道："现在，正是青黄不接之时，会不会是整个村子的人都外出逃难去了？"

严参的话音刚落，屋外传来一阵微弱的呻吟声，仔细一听，仿佛是某种动物的哀叫，断断续续，听上去，颇为瘆人。

刘庆抽出配刀，寻着叫声向屋外找去。然后他传来一声大笑："张大人，快来看，这里还真有情况。"

张怀圣点着灯出去一看，刘庆正站在猪圈边。猪圈里躺着一只奄奄一息的母猪，虚弱得只剩下哼哼的力气了，而且整个猪圈里全是粪便，无处落脚。但严参忍着恶臭进入了猪圈，查验了一番。

严参说："母猪至少有七天没有进食了，快要饿死了。但从猪圈的肮脏程度来看，至少有两个月都没打扫了。因为不知原来猪圈里是否留有猪食，所以还是推断不出这家人具体离家的时间。”

张怀圣点了点头：“但由此可以断定，这家人绝不会是去逃难的。不然，断不会丢下母猪不管，这对一个农户来说，可是一笔不小的财富。”

那么，这个村子里的农户怎么会无故集体消失了呢？张怀圣决定在这里将就着留宿一夜，看看会不会有什么新发现，反正连夜赶去奎城也办不了什么事。

夜晚，山村静得出奇，天色未亮之时，两个黑影东张西望，悄悄地潜入村中，伸手推开了路边那户大门。猛然间，睡在屋外的刘庆一声断喝：“谁？”两个黑影一愣，突然发足向外狂奔而去。

刘庆一个鲤鱼打挺，纵身就追。此时，余下三人全被惊醒，里间的柳燕也一个箭步从窗户里窜出，抄到刘庆之前向黑影追去。眼见柳燕越追越近，一个黑影突然回身打出一枚袖箭，破空而来，柳燕一时躲闪不及，“哎哟”一声，刘庆赶忙上前照应，停止了追赶。

柳燕伤得并不重，只是胳膊擦破了一点皮肉。简单包扎之后，张怀圣拿起那枚袖箭，看见箭头之处有个环形的标记，就问柳燕，可识得此箭。柳燕一见，惊诧地说道：“这好像是山东白莲教的武器记号，怎么会出现在这里？”

这时，严参进来了，手里拿着一捧发芽的稻谷和一个没有被烧尽的封筒说：“你们看，我在厨房的水缸边发现了这捧发芽的稻谷，现在可以断定，这户人家离家的准确时间应该是半个月前。更为奇怪的是，我在垃圾堆里发现了这没有烧尽的封筒。此类封筒，足可封银二百两，这样的穷苦之家，怎么会出现这种东西？”（注：古时，银子达到一定数目，会用封筒封装，故有“一封银子”之说）。

张怀圣看过封筒说：“这件事情着实蹊跷。事不宜迟，严参与我现在就去奎城审问侯武，柳燕和刘庆留在村里，一边养伤，一边查找还有没有其他线索，天黑之时，去奎城和我们会合，再作商议。”

柳燕一听，又想发作，但见张怀圣一脸的严肃，只好跺了跺脚，满是委屈。刘庆一听，叫苦不迭：“和这姑奶奶呆一天，我还不得瘦几斤肉啊！”

三、突审侯武

张怀圣到了奎城县府，早有下人去禀报了知县。来时的路上，张怀圣已和严参商量好了，见了知县，直接要求提审犯人侯武，如果知县推三阻四，就说明问题出在官员这里，如果没有阻挠，就把侯武当作突破口。

两人等了很久，知县还是没有出现。严参不禁有些着急：“这个知县是在故意拖延时间，看来，和我们猜测的八九不离十了。”张怀圣摇了摇手，让严参耐心等待。

又大约过了一炷香，一个衙役才匆匆赶来：“两位大人，一路辛苦，知县大人已经备了一桌酒席，请跟随小人前往。”

后院中，知县田元凯正站在院里逗鸟。见张怀圣进来，这才转身打着哈哈说：“张大人，大驾光临，有失远迎。”张怀圣还礼。田元凯大咧咧地坐入主席后，方请张怀圣入席。然后扬着脸说：“张大人，按说京城来客，我当亲自迎接，但你也知道，张大人照磨属正八品，我虽然地处偏远，但也是一县之主，属正七品，所以碍于礼数，就在此恭候了。”（注：明朝知县属正七品。）

张怀圣不由得哑然失笑，这个知县是在摆架子呢。张怀圣拱手称谢。然后入席坐定，直接说明是来核准侯武一案。田元凯哈哈一笑：“张大人，本官破案神速，案情明了，如果张大人还有什么疑问，宴后尽可去审侯武。来来来，现在我们先来喝酒。”说罢，也不再管张怀圣和严参，一个人自斟自饮，不亦快哉。很快就醉眼蒙胧，云里雾里了。

张怀圣哪有心情陪田元凯喝酒，推杯告辞，来到刑堂，令人将案犯侯武带上来。

不一会儿,拖着铁镣的侯武一瘸一跛地被带入刑堂,衙役令他跪下受审,只见侯武漫不经心地扫视了一眼张怀圣。一旁的狱卒见此情形,猛地扫了侯武一腿。侯武双膝一沉,跪在堂前。

张怀圣摆了摆手,让狱卒和衙役全部退下,他要单独审问侯武。

侯武跪在堂前,眼望顶梁,一副心不在焉的样子。张怀圣拍了拍惊堂木:"侯武,我是刑部照磨所张怀圣,特来复核你杀人盗银一案。"

侯武一声冷哼:"大人,我不都交代过了吗?还要审来审去,烦不烦?"

张怀圣也不生气:"侯武,刚才狱卒怎么对你我都看见了,如果你是屈打成招,可以向我申诉,我定还你一个公道。"

侯武听罢,淡淡一笑:"我侯武身为顶天立地的汉子,岂是皮肉之苦所能折服。我一人做事一人当。人是我杀的,银是我盗的。你还有什么可问的。"

"好,那我问你,你是怎么将两名看守杀害的。"张怀圣问。

"一刀一个,直刺心窝,比杀猪还容易。"侯武的回答很简单。

张怀圣拿起侯武的那柄尖刀,端详了片刻:"你身有残疾,两个身强体壮的守卫,岂是你想杀就杀的?"

"……"侯武僵着脖子不再回答。

"那我再问你,你是怎么将银子运走的。"张怀圣问。

"独轮车。"侯武答。

"一万两白银,共计六百二十五斤,你一个瘸子怎么能推走这么重的独轮车?"

"……"

"我再问你,一万两白银,你如何挥霍一空?用在何处?"

侯武一愣,但随即仰天狂笑,指着张怀圣,破口大骂:"张怀圣,人人都说你断案如神，原来你也不过是徒有虚名。案子本来就明明白白，你却在这疑神疑鬼。你自以为能辩明天下悬案，却不知其实只是一条朝廷的狗！”说罢，侯武像疯了似的猛站起来，拖着铁镣跃起身形，以头撞地，轰然一声闷响。血，从侯武的额间渗出。严参赶紧上前查看，好在并没有伤及性命，立即叫衙役去请人速来救治。

知县田元凯知道了后，醉醺醺地赶来，大发雷霆，将几个衙役和狱卒一顿臭骂。要知道，重案犯在没有审批前无故死亡，比狱中死个小贼要麻烦得多。田元凯骂骂咧咧地告诉衙役和狱卒，从现在起，没有经过他的允许，谁也不得私自提审犯人。临走时，田元凯还不忘了乜斜着张怀圣说了一句：“我可是正七品。”

张怀圣明白，田元凯分明是指桑骂槐。看来，再审侯武已经是不可能了。

两个人黯然出了县府，严参说道：“要不我们看看那两个被杀的守卫怎么说？”张怀圣明白严参的意思，严参是仵作出身，而一个案件，往往从死者身上能发现诸多线索。可是，按目前的情况来看，公然验尸是不可能了。首先知县田元凯刚愎自用，认为此案已结，肯定不会同意。二来，死者家属也不会同意，妄动尸骨坟茔是民间大忌。

张怀圣看了看快要落山的太阳，难不成……？

就在这时，胖子刘庆气喘吁吁地从身后追了上来，严参问道：“柳姑娘呢？”刘庆无辜地说道：“嗨，别提了，你们走后，姑奶奶也不知道哪根筋又不对，大发雷霆，和我吵一架，然后竟然赌气跑不见了。”

张怀圣摆了摆手：“柳姑娘是个侠女，不会有什么问题，我们先解决眼前的事再说。”

入夜，奎城外阴森的坟地里，隐约有三个人正在两座新坟前挖坟，正是张怀圣带着严参和刘庆。

刘庆一边擦汗一边自嘲地说："只听说过有盗墓贼，这挖坟验尸还真是头一回听说。"

新坟土松，很快就见到了棺木。严参启开棺木，棺内的情形让三个人不由得同时倒吸了一口凉气。两具棺内，竟然空无一物……

四、刘庆扮官

三人灰头土脸地回到了客栈，刘庆就开始不停地嚷嚷起来："这下全明白了吧？肯定是那狗日的知县做的局，要不然，明明是人命案，怎么会连尸首也不见了？依我看，咱们赶快去把知县抓了，一审便知。"

严参在一旁附和，现在只有这种说法才是最合理的。可是张怀圣却摇了摇头说："田元凯的嫌疑确实大，但目前我们不在京城，而他是这里的一县之主，要想审他绝非易事。除非我们回去向刑部申报，但这一来二去，再等申报下来，说不定已经打草惊蛇了。"

说来说去，官大一级压死人。三个人又陷入沉思

突然，刘庆一拍大腿说："你们不说他是正七品吗？我们就从官级入手。但……这事还得张大人配合一下。"接着，胖子说出了自己的想法。

严参笑骂道："就你胖子馊主意多。"

第二天，张怀圣带着严参，再次来了县府，说是今日在"天一楼"特备上等酒席，为昨天的事向知县大人田元凯赔个不是，田元凯本来还绷着架子，但听说有好酒，不禁喜笑颜开。

午间，"天一酒楼"的雅间内，张怀圣和严参正在和田元凯推杯换盏，突听隔壁有人大喝："谁人在此大声喧哗，扫了爷的酒兴？"田元凯一听，重重地放下酒杯，正要发火，就听严参怒气冲冲地说："莫急，我过去教训一下这个大胆狂徒。"说罢，就向隔壁雅间走去。刚到隔壁，就听严参一声惊呼："是魏

大人,小的严参有眼不识泰山,该死该死。”

严参退了回来,在张怀圣的耳边说了两句,张怀圣脸色一变,立马起身,整顿衣冠,匆匆去了隔壁。田元凯疑惑不已,严参小声地说:“原来隔壁是京城的吏部郎中魏大人,官从正四品,专管地方官员的升迁的。这次张照磨来查此案,正是魏大人的意思。想不到,他老人家还是不放心,微服私访来了。”

“魏大人的意思? 魏大人是吏部的,也不管刑案呐。再说,魏大人让你们来,会没有公文?”田元凯这点基本程序还是知道的。

严参眨了眨眼,附在田元凯的耳边说:“田大人,如果按公事来,还犯得着吏部魏大人出手吗? 魏大人也不知道从哪儿得知了这个消息,说此案关系到一万两银子,特命办案如神的张照磨来找回银子,这事,你会不懂?”说罢,严参拿出一锭碎银在田元凯面前晃了晃,心照不宣的样子。

田元凯这才恍然大悟,这个魏大人是趁浑水来捞银子的,难怪。

说话间,张怀圣已经毕恭毕敬地把胖子“魏大人”迎进了包间。田元凯见来者肚圆体胖,一副官态,忙从席间起身,胖子刘庆傲慢地问道:“你,就是知县田元凯?”

田元凯连连点头。刘庆突然一拍桌子:“你个小小的知县,好大的胆子,敢不配合我派来的人。要知道在京城,就是二品大员也要买我魏某人的一个面子。说出来不怕吓死你,听听我的姓,就知道我和魏公是同宗族人了。”说罢,刘庆把手里的一柄折扇“啪”的一声打开,不停地扇动着。

那柄扇子,本是当年因信王凤翅金鸾案赏给张怀圣的。张怀圣平时很少把玩,但一直带在身边。昨天,刘庆借了张怀圣的扇子,就为了演今天这一出好戏。

那扇面上,有信王的御印。田元凯早已看见,此时对刘庆已是深信不疑,再听他这么一咋呼,吓得魂不附体,纳头便拜,磕头如捣蒜,再没有了昨日的张扬。张怀圣和严参看着刘庆一本正经的样子，差点没笑出声来。

刘庆继续说："这就回你的县府，本大人要亲自开审。就先从你个小知县田元凯审起。我就不信，你们敢把银子全匿了。"

这么一说，田元凯心里全明白了。回了县府，田元凯二话没说，从厢房里取出一张二百两的"大明宝钞"（注：明朝唯一官方发行的银票），瑟瑟地递于刘庆："魏大人，下官只有这么一点银子了。"

刘庆把"大明宝钞"放入囊中，却仍然眼一横："爷要的是银子，不是纸票。你老实说，你把那一万两银子匿哪里去了，爷饶你一罪。如若不然，有你好受的。"

田元凯哪受过这等惊吓，赶忙又跪在地上哭诉："魏大人，你也知道，下官俸禄有限，又爱贪杯，早就没有积蓄了，就这点钱，还是侯武偷偷贿赂的。"

刘庆一听，心里暗喜，有戏。但表面上仍是镇定自若，让田元凯老老实实，从实招来。田元凯叫苦不迭，只得实话实说。

侯武案发后，田元凯亲自去了现场。当时，现场到处是血迹，两个守卫倒在血泊之中，已然僵死，毫无知觉。田元凯发现了现场遗留下的凶器之后，就断定了是凶手所留，只要查出刀的主人，即可破案。然后田元凯就命人草草地收拾了现场，将两守卫入殓下葬，开始重点追查凶器来源。果然，没过几天，就查出凶器是屠户侯武所有，遂将侯武捉拿归案。侯武被捕后，开始并不供认，只要求单独见知县一面。田元凯见了侯武，侯武从衣服的夹层间取出这张钱票。案子还没了结，田元凯哪里敢收。可侯武却说，只要知县收下这张银票后，他立即认罪，只求知县能速速判他一死。田元凯一听，这还差不多。侯武也不食言，随后认罪画押。田元凯立即将案件上报，至于那一万两白银，田元凯是真不知道，何况他每日沉迷于美酒，也无心过问，就算追回来了，他也不敢拿一分一毫，追与不追，又有什么区别呢？反正案子是结了。

刘庆心里暗骂:真是个糊涂官。但表面上却含笑着点头:“这么说,那一万两银子还在,那么本官就要继续查下去,查到为止。你要随时听从爷的调遣。”

田元凯连连称是,刘庆带着张怀圣和严参扬长而去。

三人回到客栈,刘庆大呼当官原来这么过瘾。张怀圣却依然愁眉不展,田元凯所说肯定不假,如今知县的嫌疑已经洗清。那么现在嫌疑最大的就是那两个守卫。如果他们真的死了,至少要找到他们的尸体,如果两个人并没有死,又是怎么装死蒙骗过关的。

张怀圣突然想起什么似的,招呼着严参和刘庆说:“走,我们去现场看看。”

五、用心良苦

案发现场,早已被打扫得干干净净,张怀圣在地上不停地寻找着什么,最后,他在一块砖缝之中,找到了不少残存的血迹。张怀圣取出一些已经凝固的血块,放在鼻子上仔细闻了闻。然后又拿出一块凸起的白琉璃一样的东西,对着血块仔细观察。

刘庆凑近一看,吓了一大跳:“咦,这玩意儿看东西怎么变大了这么多?”

张怀圣微微一笑。那是张怀圣备用的西方的“叆逮”(注:明朝眼镜的别称,非常贵重,普通人不识),是通过光的折射原理,放大被观察的事物的。

严参问道:“那看出什么了吗?”

张怀圣肯定地说:“可以断定,地上所有的血迹都是猪血,而非人血。猪血闻之腥臭,细察能发现孔隙粗大,掰开可见气泡繁多。和人血凝块相差甚远。”

严参恍然道:“这么说那两个守卫肯定没有死,一定是装死入葬后,又被人救走了?”

张怀圣点了点头:“三十年前,李时珍的《本草纲目》上有记载,人在大量食用曼陀罗花之后,会有假死的现象。如果没猜错,这两个守卫就是这样蒙混过关的。正巧又遇上这个糊涂知县,所以很容易就得逞了。”

说罢,张怀圣让刘庆去菜市了解一下侯武平日的情形,他和严参则直奔县府,查找两个守卫的下落。

张怀圣来到县府,令田元凯速去查找守卫的家人。田元凯苦着脸说道:“那两个守卫本是外乡之人,一年前他们都是花十两银子买的差事。如今何处去找?”

张怀圣侧过身问田元凯:“知县大人,你上报案情时,此事为何不提。”

田元凯支支吾吾地说道:“反正人是侯武杀了,他也承认了,至于这些无关紧要的旁枝细节,报上去会更麻烦,所以省略了。”

张怀圣懒得再与田元凯争辩。说到此处,张怀圣心中已经明了,这两个守卫肯定和侯武是一伙的。只是还是有些不明白,侯武既然和两个守卫一伙,为什么又要故布杀人迷阵,多此一举。除非侯武故意一人顶罪,为两个守卫脱清干系。想到这里,张怀圣令道:“带侯武,再审。”

侯武再次被押上刑堂,依然满脸不屑。张怀圣这次没再逼问,而是淡淡地说道:“侯武,我们现在正在追查那两个并没有被你‘杀’死的守卫,你有什么要说的吗?”

侯武一听此言,面色苍白,突然两眼含泪。但随即又坦然说道:“张大人,果然名不虚传。不错,两个守卫就是我当年的手下,不过他们现在恐怕早已带着银子,远走高飞享乐去了。量官府这帮饭桶也追查不到。你也别想从我嘴中再套出什么话,要杀要剐,随你们的便。”

说罢,扭头闭目,再不言语。张怀圣只有命人将侯武带回大狱。

正在这时,胖子刘庆从菜市已回,大摇大摆来到堂上。田元凯吓得脸都变了色，正要上前请拜，却见胖子附身于张怀圣说："张大人，我在菜市已询问过了。侯武平时为人慷慨，特别是对几个乡民，更是关爱有加，每次来割肉，从不收钱。侯武被捉的当天，还在卖肉。自从他被捉之后，那几个乡民就不曾再出现过，听说那几个乡民好像就是山后的那个小村村民。"

张怀圣这时突然想起什么似的，让人传上侯武的尖刀，又对严参说，拿出那支伤了柳燕的袖箭。张怀圣将两件器物放在一起比对，赫然发现，两件器物的尖处都有一处环型凹槽，正是柳燕所说的标记。

张怀圣心中一亮。传田元凯立即去拿出村民簿，找出山后小村人口花名册。

田元凯此时正丈二和尚摸不着头脑，他刚才见刘庆和张怀圣说话的口气，和昨日相比，有天壤之别，不由得指着刘庆说："魏大人，你，你，你不是……？"

刘庆转过脸来，脸上顿时又恢复了昨日的跋扈之态："你什么你，还不快去拿人口花名册？"

田元凯条件反射似的命人立即去取，突然又反应了过来，指着刘庆哼哼冷笑着说："我明白了，你是假的。"

刘庆狠狠地瞪了田元凯一眼，掏出怀里那张"大明宝钞"的一角，皮笑肉不笑地对田元凯说："田大人，现在你看我还是假的吗？"

田元凯不傻，一看那银票，立即明白了，那是他的罪证。赶紧打着笑脸说："不假，不假。"

村民花名册取来，张怀圣仔细翻看，小村村民花名册上有老有小，独独青壮年皆已死亡，被红笔注销了。张怀圣心中终于豁然开朗，一切和所推测的再无二致，当即起身令道："快，去山后小村，我明白了。"

张怀圣是明白了，可田元凯还是一头雾水，跟在刘庆后面问道："魏，魏大人，要不要把侯武提上来再审一番？"

刘庆跟着张怀圣急急地走出县府，回头摆了摆手："不用了，你好生看管就是。"田元凯急切地又问了一句："可那银票……"话未说完，看见满屋衙役，知道说漏了嘴，生生将后半句吞了下去。

那边，张怀圣已带着严参和刘庆走出了老远。

三人来到小村，小村里依然空无一人。刘庆终于忍不住了："张大人，你说你明白了，可我还是不知道，到底是怎么一回事。"

张怀圣面色沉重地说："盗银的确是侯武。只不过，他的银子不是盗给自己的，而是盗给这个小村的村民的。"

刘庆依然有些不明白："为什么？"

张怀圣长长地叹了一口气说："我从小村的花名册里终于看出了端倪。一个小村，精壮的男人全部死亡销户，那么只有一个原因，他们曾是起义军。由此，联想到小村出现的银封，再结合侯武的案情，一切就都明了了。"然后，张怀圣详细地说了起来。

这个村和侯武有着千丝万缕的关系。如果没错的话，当年侯武去暗杀徐鸿儒，所选的贴心的弟兄，都是这个小村里的精壮汉子。暗杀失败后，徐鸿儒的起义军被剿灭，可是官府却抹杀了侯武投诚之功。侯武是个血性的汉子，自己受点委屈倒没什么，可是那帮拼命救了他活命的弟兄却受苦了。那些人都是家里的精壮劳力，被杀之后，他们的家人得不到官府的体恤，只能困守在这个贫瘠的小山村里，苦苦度日。侯武虽然平时给予接济，但终不是办法。于是他想到了这个下策，盗银救村民。

侯武作案之前，已经谋划了许久，所以让曾经的两个兄弟，买下官差，伺机行事。盗银成功后，侯武为了不连累两个兄弟，也为了能让村民平安撤走，不惜布下许多迷阵，故意露出许多马脚。他怕官府的人查案不力，找不到他，四处乱搜，反而给小村村民的撤走带来不便。

这样一来，就不难解释侯武的银子是怎么盗走的了。但即便这样，官府抓侯武还用了半个月的时间。侯武肯定吩咐过，他被抓之后，官府一定认准了他，严加盘查，而放松了追缴银两。这时，全村人就可以安全撤走。如此算来，正是半个月之前的事。

正是因为个中这么多的隐情，侯武才反常地贿赂县令，以求速死，了结此案。那日堂上，侯武知道张怀圣来核查此案，心头焦急，故意辱骂张怀圣，并求自戕。

张怀圣说罢，刘庆已惊得目瞪口呆。

如此一来，此案已经真相大白，那么急急赶回小村，又是为了什么事？张怀圣长叹一声说道："我们此行的目的，不就是为了弄清案情真相，找回那批失落的银子吗？"

刘庆说道："银子肯定是被他的两个兄弟和村民带着，一齐出逃了。"

张怀圣摇了摇头："侯武案还没有结案之前，他们是不敢带着大量银子四处奔走的，而且那天的两个黑影很可能就是回来取些银两，顺便探听侯武案消息的。只是不料却遇到了我们，以为事发，才仓皇而逃。从那天严参找到的银封看，银子肯定就在这个小村，而且我已经知道银子在什么地方了。"

说罢，张怀圣来到了当初严参验查母猪的猪圈，指着满圈的猪粪说："银子肯定就在这下面。村民失踪半个月，猪圈却有两个月没有打扫，这本来就不正常。当初我们都忽略了这一点。而且，一个正常的猪圈里，猪一般不会在睡觉的地方排下粪便。可这个猪圈里，粪便到处都是，可见是有人特意为之。"

严参和刘庆听完，只好皱着眉头，忍着恶臭钻入猪圈。用锹挖开那些粪便。不一会儿，果然发现了一处松土。刨开一看，一堆白花花的官银正埋在里面。虽不足万两，但也相差无几。

正在这时，却见柳燕也从屋外大踏步地走了过来："大人果然破案如神，只是那些村民暂时就不用去找了，因为我已经遇到了他们。"

六、尾声

那一日，柳燕受伤，又被张怀圣丢在小村，不由得又气又恼。所以，怎么看胖子都不顺眼，就和他大吵了一架。她在村里转悠的时候，突然发现了一个白莲教特有的撤退记号，此记号不是白莲教的人根本不识。柳燕心里暗惊：刚才那黑影果真是白莲教的人。

柳燕隐约想到侯武一案，有心叫上胖子，但转念一想，还是赌气一个人追了下去。她想，如果找到了重大的线索，到时候看看还有谁看不起人。

柳燕跟着记号越走越远，突然在前面发现了两个行路的背影，很像早上逃跑的黑影。柳燕正想上前盘问，那两人却惊慌失措，再次逃跑了。

柳燕无法，只好寻着标记再次追了下去。整整追了一天，直到在一个小镇的客栈里找到了一批村民。柳燕告诉他们，她也是白莲教的，问他们为何来此客宿他乡。

那些村民告诉柳燕，说他们是从奎城来的，他们的恩人叫侯武，侯武让两个兄弟带着他们去省府，为了当年家里死去的义军平反，并分发抚恤银两，安置他们在省城附近买房置地。也不知道怎么这么急，所以家里的东西全部都没带。但侯武平时待他们甚厚，而且说他留在后面照应村里的一切。所以，大伙儿深信不疑，就跟随他指派的两人，在半个月前来到了这里。他们还一路留下标记，怕侯武随后而来时，会找不到路。不曾想这一走，就是半个月，现在还在等待消息。

柳燕虽不知个中案情，但此刻也隐约猜到，侯武案肯定与这些村民有关。所以，她告诉大家，侯武已经被关押的事实和案情。

也有村民听说了官府丢银之事，但根本没想到会是侯武所为。现在才知道，他们撤离之时，却正是侯武入狱之日。当听柳燕说清了“抚恤白银”的真正来历，村民无不痛哭流涕。不是为了银子，而是为了侯武。所有村民都愿意回到小村，劝说侯武退回银两，而且还愿意变卖家产，帮助偿还侯武已经用去的那些白银，只求能保住侯武一命。

柳燕不知道该怎么回答他们，就先行回来。要不了两天，村民就会全部归来，重新过上这种贫穷但安分的生活。

说到这里，柳燕的泪已溢出了眼眶。

张怀圣长叹了一口气问道："看来，又要多了两个逃犯了。只是不知道他们的真实姓名，终不知从何追起。此次破案，柳姑娘确实立了首功，但我们却办了一件不成功的案子。"

张怀圣一行四人，踏上了回京之路。来时虽然斗气，但心情仍是轻松愉快的。而回去的路上，四个人默默不语，仿佛胸中压着一片乌云，挥之不去。

第二日，照磨所内，张怀圣仍在审阅侯武的卷宗，几次拿起朱红，想要批示，但又放下，仿佛仍有一事未了。久久思索，终于恍然。正好刘庆来报，张怀圣看着刘庆说："你可能还要去奎城一趟。"

刘庆大吃一惊："案子不是结束了吗？怎么还要再跑一趟。"

张怀圣点了点头说："侯武的案子确实可以结束了。但你还忘了一件事。"

"什么事?"

"你身上的二百两银票，本是侯武私人之银，你应该送还给小村村民。还有，如果方便，也带上我的一点心意。"

刘庆点头称是，拿出银票，叹了一口气说："你说这当官过不过瘾？仅仅扮了半天假官，就有如此收入，要是当个真的。那能赚多少钱啊!"

张怀圣没再说话，转身进屋，对着侯五的卷宗，深深叹了一口气，勾红结案。

恶 之 花

一、六指被杀

京城街头，车水马龙，一派繁华景象。张怀圣正被柳燕拖着在四处闲逛，一脸倦容。突然，身后响起一阵急促的马蹄之声，张怀圣赶紧将柳燕拉到一旁。只见那骑快马直奔前方人群而去，马上正是老熟人陈捕头。

人群分开两旁，陈捕头下马匆匆入了一个店铺之内。张怀圣和柳燕赶到近前，稍一探听，明白了是怎么一回事。此店名为积善堂，是家药铺，老板姓黄，独身一人，因为右手多生一畸指，故人称黄六指。黄六指平时为人乐善好施，颇有口碑，不料昨夜竟被人杀死在药铺之中。

张怀圣分开众人，直奔后堂。后堂之上，一具尸体仰面朝天，胸口处有刀刺之痕，疑为致命之伤。尸体的右手被齐齐斩断，只剩空空的胳膊。再仔细看尸体的面部，张怀圣不由得倒吸了一口冷气，死者的整个一张脸融化成一片，仿佛在一夜之间腐烂了一般。

难不成又遇见了什么装神弄鬼之辈？正在此时，陈捕头看见了张怀圣，眼睛一亮，正欲上前说话，张怀圣摆了摆手，回头悄声吩咐柳燕喊严参来。

后堂的桌子之上，放着一张处方，处方之上写着“阿芙蓉、烟草”，处方之旁，是一味黑色的膏药，以及半袋烟丝。那黑色的膏药正是“阿芙蓉”。

不一会儿，衙役带来一个伙计，陈捕头先吩咐闲人退下，才冷声问道：“就是你第一个发现死者报官的？”

那伙计应承一声，说起了原委：昨日夜间，黄老板说要配一方独门药剂。伙计知道配药本是机密之事，所以就先行回了家。直到早晨来到店铺，怎么叫黄老板也不来开门。伙计初时以为黄老板熬夜过度，睡得太沉，可直到日近三竿，却还无人应声，伙计于是捅破一扇窗户纸，隐约窥得后堂有一人躺倒在地，才感觉不好。等到撞开大门强行入得店内，才发现老板早已身亡。

陈捕头问道：“你来的时候门是从里面闩上的？”伙计点头：“我也觉得奇怪，门内有暗栓，从外面根本打不开。即便是黄老板将人放了进来，可门闩全部锁死，那人杀死黄老板后，也无法出去。因为本店窗户全部已经封死，大门是唯一通道。”

陈捕头喃喃念道：“这倒是怪了。”抬眼看了张怀圣一眼，仿佛是在询问张怀圣。张怀圣四处环顾了一周，心里暗叫了一声糟糕。

陈捕头又向伙计问道：“你能肯定死的就是黄老板？”伙计答道：“虽然黄老板长着六指的右手被砍，面目不清，但他的衣着和身材我可清楚不过，所以才敢这么说。”

陈捕头沉吟了片刻，又指着桌上的处方问道：“此处方可是你们黄老板的笔迹？”伙计点头说：“确信无疑。但‘阿芙蓉’只是一味止痛药，对于病情并没有太大的帮助，所以黄老板轻易不用。而且我们店里并没有烟草，烟草是西洋来的稀罕玩意儿，黄老板只是有一次无意和我们提起过，所以我们才知道有这种东西。”

陈捕头让伙计先行退下，转身说道：“速去传仵作到场验尸。”这时柳燕已带着严参赶到了现场。严参主动向陈捕头一拱拳说:“仵作不在,我来!”说罢,就走向了尸体近前,甚至还凑到了死者即将腐烂的脸部使劲嗅了嗅,直惹得柳燕一阵皱眉。

二、金蝉脱壳

验尸要将死者全身剥光,柳燕在场多有不便,张怀圣趁此间隙,带着柳燕来到前堂。

前堂有长约两丈的木制柜台,药橱倚墙而立,和普通的药房并没有差别。柜台右侧,是进入后堂的偏门。柳燕正准备进入柜台,却见张怀圣轻喝一声:“别动。”说罢,小心翼翼地猫着腰先行进入,仿佛在寻找什么。柳燕正自奇怪,只听张怀圣说道:“果不其然!”柳燕顺着张怀圣手指之处,见褐黑的地砖之上,有几滴已经干涸了的血迹。张怀圣伸手摸了摸说:“此血仍未干透,和案发时的血迹吻合,与我猜想无二。”

柳燕不解,正欲追问。陈捕头已到近前,拱手施礼道:“张大人是不是发现了什么?”

张怀圣说道:“我已经发现凶手是怎么出去的了,既然药铺再无其他出路,窗户、屋瓦也没有动过的痕迹,那么基本可以断定,凶手是大摇大摆从大门出去的。”陈捕头大惑不解。

张怀圣解释:这是一个金蝉脱壳之计。凶手肯定能猜到,最先发现死者的应该不是捕快。就算是捕快,打开门后,注意力也肯定会被后堂的尸体吸引。凶手正是躲在前堂柜台之后,所以才留下几滴从断手上渗出的血迹。等到大门被撞开之后,才趁乱出去的。

陈捕头倒吸了一口冷气:“这个凶手的胆子也忒大了。可他为什么要这样做?毕竟这样做有很多风险。”张怀圣说道:“凶手是心思缜密之人。他之所以要这么做，也许是故布疑阵，也许是另有他图。我们只有找到凶手之后才能确认。”

陈捕头连连点头，但忽然又面露难色地说道：“张大人，我想请您帮个忙。”张怀圣示意陈捕头不必客气。陈捕头挠挠头：“家父身染重疾，一时难以抽出太多时间，此案又扑朔迷离，我想……”张怀圣哑然失笑，当即明白陈捕头是要自己出手帮忙，才临时拼凑了这么个理由。不过自己素好此道，也不必推辞，当即毫不犹豫地点头答应。

后堂验尸已经结束，并未发现其他疑点，严参正准备给尸身穿上衣物，这时死者的一件布袍从桌上掉落。这本是一件平常之事，但严参却听见了一声异响，严参立即拿起布袍，查看一番，并无其他坠物。严参不由有些奇怪，布裳落地，应悄无声息，异响何来？严参又细细搜寻了一遍，终于在布袍的大袖间发现了一个夹层。夹层之内，赫然是两粒骰子。

这两粒骰子，外观和普通骰子并无二致，只能说死者可能是个好赌之人，那为什么要将它们藏得如此隐秘？据访，黄六指生前并无此不良嗜好。

回到照磨所，张怀圣向严参问道：“除了骰子，还有没有其他发现？”严参摇了摇头：“死者被刀刺胸口致命无疑。只是我有些不明白，凶手用什么能使死者面部迅速腐烂？而且有一股刺鼻的酸味，依稀还有点硫黄的味道，具体是什么，无法确定。此案疑点众多，不知如何下手。”

张怀圣说道：“通常难断的案件有两种情况，一种是线索太少，让人无从下手。另一种则恰恰相反，就是疑点太多，线索纷繁。本案应该属于后者。现在我们首先要做的，就是找到杀人的动机。”

正说到这里，刘庆一步跨了进来。他已经听说了积善堂断掌杀人一案，当即说道：“根据作案手法，这应该是一起买凶杀人案。按江湖上一些不成文的规矩，雇主买凶杀人之后，杀手应该带回被杀之人的头颅确认。但黄六指则不同，他的手掌比他的头颅特征还要明显。所以，杀手才会断其手掌而去。”

张怀圣点了点头，让柳燕先回去休息，说要和刘庆严参出去寻找线索。柳燕气鼓鼓地问为什么不能带上她，张怀圣笑而不语，刘庆插嘴说道：“难不成张大人要带我们去烟花柳巷?”柳燕羞恼地白了他一眼，跺脚而去。刘庆哈哈一乐：“还是我的点子不错。”

三、吞云吐雾

张怀圣一行三人穿行在柳巷之中，刘庆更是轻车熟路，对各个楼馆的特色如数家珍。张、严二人相视一笑，刘庆也不在意，继续夸夸其谈。

张怀圣突然想起什么，笑着看向刘庆：“听说刘公子以前享尽荣华富贵，应该知道烟草这玩意儿吧?”刘庆得意地一扬头：“那是，据说京城最好的妓院要数‘叠翠楼’，里面不但姑娘貌美如花，而且近年来由西洋舶来助兴的烟草也别具一格，两样占齐，可以让人欲仙欲死，欲罢不能。”张怀圣说道：“那我们就去叠翠楼走一走。”

刘庆拍掌称好，前头带路。叠翠楼门前灯火通明，一派繁华。张怀圣三人进去要了一间雅间，只上了一些酒水，价格已让刘庆咋舌不已，这哪里是花钱? 这是在拿银子打水漂呢。张怀圣用眼神制止住刘庆，吩咐伙计叫一位姑娘上来。

不一会儿，一位姑娘来到雅间，以手掩面窃笑道：“三位爷，是要让小红一个人伺候吗?”刘庆满脸通红，不知该说什么好。张怀圣摆手说：“姑娘不要误会，这两位是我的跟班。”说罢，随手掏出一锭碎银递上：“姑娘，酒水之乐，已不新鲜，可否上些你们这儿的上等烟草?”小红娇笑：“这位爷真是有眼力见儿。”说罢，出门嘱咐了一声。

烟管上齐，张怀圣抬手说：“姑娘请先享用。”小红也不客气，点燃了烟草，慵懒地卧在罗帐之间，吞云吐雾，神情怡然。张怀圣趁机和小红说起话来，小红此时已飘飘然，自是有问必答。

叠翠楼的烟草，是经过精心调制的独特烟草，价格昂贵，据说掺入了某种西洋特制药物，吸完后，小红媚眼如丝，瞟向张怀圣。张怀圣不为所动，趁机又询问了一番叠翠楼的情形。

这叠翠楼的老板叫李目，虽然开的是妓院，但在京城却很有势力，据说和西洋商人多有来往，很多京城的药房还来这儿购买一些稀缺的西洋药材。

张怀圣把一切记在心里，丢下已经罗裳欲褪，神情恍惚的小红，抓起一撮剩余的烟草，逃一样地回到了照磨所。

张怀圣掏出那撮烟丝，正色道："黄六指的死亡原因，只怕就在这烟草上。"严参和刘庆诧异地看着张怀圣。

从叠翠楼带回的烟草，正是黄六指桌上的处方，那就是将"阿芙蓉"融入烟草之中，吸食之后，与普通烟草反应大不一样，有令人致幻的作用，让人飘飘欲仙。

张怀圣接触过西方药理知识，知道"阿芙蓉"可以镇定，止疼，但它还有一个致命的副作用，那就是吸食过多后，会中毒上瘾，欲罢不能。《本草纲目》上也有过记载："阿芙蓉前代罕闻，近方有用者。云是罂粟花之津液也，俗称鸦片。"由此可见，叠翠楼将鸦片混入烟草，让很多人上了瘾，不计成本地去吸食，财源滚滚而来。同时老板李目还拥有地方势力，控制了京城鸦片的源头，还和各大药铺形成了合作关系。

严参连连点头："我明白了，应该是黄六指无意中发现了李目的这一卑劣手段，李目为了财源不受影响，才想到杀人灭口。"

张怀圣站起了身："现在还不能肯定，但李目确有杀人动机。你立即就去和陈捕头会合，派人去李目的家里和店里，搜寻证据，如果黄六指的死确实和他有关，断掌说不定就在他那里。"

严参刘庆领命，风驰电掣般出门而去。不到两个时辰，刘庆一脸喜气地回来复命："那断掌就在李目的书房床下掩埋着，李目根本没想到我们这么快就会找到他，所以毫无防备地被抓拿归案，现已被押在刑堂候审。"

张怀圣并没有露出笑容，而是起身匆匆向门外走去："快去喊陈捕头来吧，我们一起去审李目。"

四、李目服罪

刑堂之上，灯火通明。刑案之后，端坐着张怀圣和陈捕头，案上置一木匣，匣内正是一只断掌，五指外长有一只畸指，正是黄六指的手掌无疑。

张怀圣一拍惊堂木，开门见山地问："李目，证据确凿，你还不从实招来。"

李目此时跪在堂下，早已失去往日神气，面目苍白，抖如筛糠，口口声声辩解说自己并不是凶手，只是一个买主。

一切正和张怀圣推断的严丝合缝。黄六指和李目本来就有生意上的来往，无意中发现了叠翠楼烟草的秘密，就开言劝其收手。李目以为黄六指是想分得一杯羹，就答应给他一笔银子封口。谁知黄六指本性善良而倔强，一再拒绝，仍然苦苦相劝。李目以为黄六指想狮子大开口，假意敷衍之后，杀心顿起。随后李目找了一个杀手阿二，去杀害黄六指。阿二果然利落，今日正午时就送来了黄六指的断掌，以证明事已办妥。

李目说罢痛哭流涕，后悔不已，他实在不明白，杀手杀人应该无迹可寻，怎么会只几个时辰，自己就被捉拿归案了。

张怀圣当然不会解释，仍然追问道："你买凶杀人，以断掌为证，犹可理解，为什么还要毁其面容，用得究竟是什么妖法？"

李目哭丧着脸答道："黄六指我本认识，他死了，我肯定能知道，我只是让杀手去杀人，就连那断掌也是那个凶手画蛇添足，要不然我怎么会被抓到，哪里还想过要毁其面容呢？”

张怀圣眉头一锁，开始追问杀手下落。可李目只知道那杀手阿二是京城一个无业人士，居无定所，近来实在是生活窘迫，才放出风声，要做些人头生意。正巧李目需要，所以才有此一出，其他情况一概不知。

案情已明，陈捕头将李目押入大牢，等候判决。

刑堂之外，已是星斗满天，张怀圣回头向刘庆和严参说道：“此案并不像想象的那么简单，今日已晚，你们先回去休息，待明日我再与你们细细梳理。”

翌日清晨，刘庆和严参早早地来到照磨所大堂内，张怀圣仍然在书房酣睡未起，看来昨晚他又分析了一个通宵。直到柳燕到来，询问起昨日案情，听说元凶已捕，不由得高兴地大呼小叫起来。

张怀圣听见响动，起身走出书房，双眼内布满血丝。柳燕一见，眉头微蹙，转身出去准备早点。

张怀圣转过头来对刘庆说：“来，我们玩一个游戏，假设你的手会被剁掉，请把你的手放在桌上。”刘庆不满地说道：“为什么倒霉的总是我？”但还是把手放在了桌上。张怀圣又对严参示意，严参不明就里，也将手放在了桌上。随后，张怀圣自己也把手放在了桌上。桌上放着三只手，张怀圣问：“看出什么了吗？”

刘庆和严参面面相觑，摇了摇头。

张怀圣说道：“正常情况下，一个人将手放在桌上，都是手背朝上，如果用刀斩断，断腕的切口处，上下会有明显的区别。而一个人死后，如果是平躺，他的手则一般是手心朝上，再用刀斩断，切口则恰恰相反。”

严参猛地一拍脑袋：“当日验尸，那尸首的断腕切口果然是手心朝上的痕迹。只是断掌和尸身不在一起，我一时疏忽了。”张怀圣点头说道：“昨日的六指之掌,切口则完全相反,这是为什么?”

难道说,那个断掌不是尸身的断掌?

五、再现疑团

张怀圣一脸正色地说道:“陈捕头他们以为此案已经结束,其实恰恰相反,我认为这个案子才刚刚开始。”说罢,张怀圣起身招呼道:“我们这就赶往停尸房,有件重要的事要办。”

一行人来到停尸房,恰巧陈捕头来提取尸体,因为此案已结,黄六指的伙计已带来棺材,准备入殓。张怀圣连忙阻止。陈捕头不禁奇怪:“张大人,案情已结,还留尸身何用?”

张怀圣没有言语,只说仍要耽搁两日。陈捕头面露为难之色,但张怀圣装作没看见。陈捕头思前想后,想到以后可能还要仰仗张怀圣破案,只好去应付伙计。

严参又仔细查验了一番尸体的腕部切口,冲张怀圣肯定地点了点头。张怀圣反过来问刘庆:“你仅根据别人的描述就可以画出头像,现在你看看能不能画出这张脸?”

刘庆也只是听说死者面部被毁,但真的看到还是吓了一大跳,但随后还是强忍着仔细分辩死者的口鼻眉眼,一把鼻涕一把泪地完成了画像。画像出来,果然不是黄六指的模样。张怀圣稍一审视后,把画像交给了陈捕头说:“辛苦陈捕头带着兄弟们打探一下此人是不是京城人士,顺便查一查最近京城有没有人失踪。”

陈捕头此时已经看出了八九,不禁骇然问道:“难不成……?”张怀圣摆了摆手,转身离开。走在路上,刘庆忍不住问道:“要将脸部烂成这般模样也不知用什么厉害的毒药?”

张怀圣从身上取出一块药用硫黄,说道:“昨日严参在死者的脸前一嗅,说是闻到了一股刺鼻的酸味,还隐约有些硫黄的味道,提醒了我,昨夜我连夜去找了传教士范穆尔,范穆尔告诉我,死者的脸部应该是被一种叫做‘硫酸’的毒水所腐蚀。这种毒水用硫黄制成,连铁都可以融化,更别说是人的皮肤。而能制成这种水的人,不精通药理知识绝对无法做到。那么,这个人会是谁?很可能就是黄六指本人。”

刘庆不由自主地问道:“照大人这么推测下去,那个断掌的黄六指可能才是真正的凶手?”

张怀圣凝眉:“不能确定,现在我们当务之急是确定死者的真正身份,找到杀手阿二和黄六指的下落。”

说话间,张怀圣又来到积善堂门前。积善堂大门已封,张怀圣找到了那个伙计捅破的窗户纸,看向里面。从小孔之中确实能看见后堂一角,张怀圣又仰头看了看太阳,眉头再次拧起,但却感觉线索已渐渐明晰。

六、节外生枝

照磨所内,张怀圣拿出严参搜出的那两粒骰子,猛地往桌上一顿,掷了出去,嘴里喊了一声:“九!”两粒骰子转了几圈之后停下,果然是个九点。柳燕又惊又奇,学着张怀圣的模样也掷了一次,喊了一声:“七”。却见骰子停下后,却仍然是个九点。张怀圣哈哈一笑,又演示了一次。这次张怀圣叫的是七,果然骰子又停在了七点上。

刘庆一见,啧啧称奇,忙让张怀圣教他这一手,下次也好到赌坊捡个漏。张怀圣掂了掂骰子说:“此骰比普通骰子要重,我琢磨了多半天,才明白了其中原理。这个骰子中间已被掏空,灌上一半水银,水银是流动的,我在重重地一顿的时候,已拿捏好点数,水银流动,重心已定,所以要什么点有什么点。”

刘庆赶紧试了一次，果不其然，高兴万分，将两粒骰子揣入囊中。张怀圣没有阻拦：“这两粒骰子在死者身上藏得很隐蔽，拿着它去赌场，说不定能找出死者身份。”刘庆连连点头，张怀圣让刘庆此时就去赌场，从侧面打探最近有没有玩这种水银骰的老千出没，并注意这种水银骰的来历和出处。

刘庆直奔赌坊而去。严参和柳燕受命去各个城门打探有无断手之人出城而去。

黄昏时分，张怀圣一人在沉思独坐，屋外传来一阵杂沓的脚步声，陈捕头匆匆走了过来。

陈捕头带来一个让张怀圣非常吃惊的消息。上午陈捕头拿到画后，一点没有耽搁，找画师又画了不少，在京城内张贴，可不到中午，画像就被全部撕掉了。陈捕头非常恼火，不明白谁有这么大的胆子，敢妨碍办案。陈捕头正要去寻，有人来报，有个叫胡卫的公公来了，据说此人其实就是九千岁门卫的掌班，专门审核来访客人。所谓宰相门前九品官，这人虽无官职，但权力着实了得。胡卫来此开门见山地告诉陈捕头，李目买凶杀人案已经可以结案了，别再追查，也别再拿着画像捕风捉影。

这个案子从程序上来看，还是陈捕头在负责，所以陈捕头接到命令后，也特来通知张怀圣一声，这个案子已经结束了，能交差也罢，何必劳神费力，弄不好还得罪了宦臣，那可不是好事情。

张怀圣微微点头，示意心中有数。陈捕头走后，刘庆归来。刘庆已从赌场那儿打听到，那种水银假骰出自于肃宁城，而且前几日确实有一个肃宁人出现过，这副骰子很可能是那个肃宁人带来的。到了掌灯时分，严参和柳燕已各自归来。严参去了各个城门询问，昨日凌晨，确实有个手臂受伤的老者出北门而去。而柳燕带回的消息，则让几个人都同时大吃一惊。一个多时辰之前，在菜市口，李目已经被斩首了。

看来陈捕头所说不假，只是张怀圣有点搞不清楚，这样的普通刑案怎么会惊动魏公的人？李目虽然归案，但凶手阿二还没抓到，怎么就能结案？这场断掌案的背后，似乎仍有重重玄机。

忽然门外传来敲门声，刘庆开门一看，只见一个小乞丐手里托着一个布包，声称要交给张大人。刘庆打开布包，赫然又是一只断掌！

断掌只有五指。从伤口的情况来看，正是死者真正的断掌。包裹断掌的布上，用血迹写着：救我！张怀圣忙问小乞丐布包从哪儿来的，小乞丐说，是阿二让他傍晚时分将布包送给照磨所的张大人，但他却因为不识路，费了近两个时辰才找到了这儿。张怀圣连忙问道："那阿二说了些什么？"小乞丐说："阿二说要你去城西叠翠楼后的破庙里见面。"

张怀圣暗叫不好，一刻也没耽误，直奔城西而来。破庙之中，没有一丝灯光，张怀圣打亮火折，庙堂之上，赫然吊着一具尸体。张怀圣叹了一口气："还是来晚了一步。"

张怀圣正在后悔，屋外一阵响声，却见陈捕头已带着官兵来到了现场。陈捕头说是接到指示，有案犯在城西破庙畏罪自杀，特来处理现场。死者身份很快被确定，正是凶手阿二，死亡时间不超过半个时辰。陈捕头勘验过一番，说阿二是听说李目被斩，吓破了胆，畏罪自杀了。

随即陈捕头命令收尸，回去销案。严参拿起将阿二吊死的白绫说道："这个阿二好富贵的命，上吊用的竟然不是裤腰带，而是特意去买了一段上好的白绫？"

陈捕头看一眼张怀圣，无奈地用手向上空指了指，叹了口气带人回去了。

几人回到照磨所内，严参疑道："阿二衣着普通，而上吊的白绫选料上等，即便普通大户人家也不能有。莫非……"

恰在此时，只听刘庆大喝一声："谁！"接着冲出门外。门外一个黑影倏然越墙而逝，徒剩夜风轻吹，星月一片。三人心中皆明，已被人暗中监视了。

七、来福赌坊

几日之后，肃宁城外，三匹快马缓缓走出城，马上正是张怀圣，严参和刘庆。阿二已死，在京城内再查此案已无必要，所以柳燕留下，三人来到肃宁查找死者的真实身份。

要想走访一个身揣假骰子的人的身份，最好的地方当然是赌坊。可找了几条街，也没见一个赌坊。刘庆拦住一个路人，问哪儿有赌坊。路人告诉他们，其实整个偌大的肃宁城，只有一个来福赌坊。来福赌坊的老板姓李，叫李进树，是个手眼通天的人物。

三人来到了来福赌坊，刚到大门边，就被拦在了门口，来福赌坊有个规矩，进去的人最少要先买十两银子的筹码，如若不然，禁止入内。进去之后，出来时如果筹码不能翻倍，则不可兑换。也就是说，你必须有十两银子才能进门，进去后，要么赢到二十两以上，要么就输光滚蛋。

这算什么破规矩，刘庆暗骂。但这是人家的地盘，不服不行。张怀圣一行三人身上的银子加起来也不过十余两，看来只能进去一个人探听虚实了。张怀圣看了看刘庆笑道："刘公子，你有着得天独厚的条件，不让你去就没有天理了。"

刘庆一摇三晃地进了来福赌坊。赌坊里人声鼎沸，一派热闹景象。刘庆找到一张掷骰子的赌台，拿出事先的那副假骰，和一个老五似的人赌了起来，旁人叫他老五。刘庆心想，上次在叠翠楼花脱了老底，这次有了这副假骰，可要赢回来了，这个机会不差。

假骰在手，如有神助。刘庆连赢三次，对手脸上仍然表情自然，倒是刘庆感觉有些不过意，开始随手丢掷起来。又过了几把，刘庆发现，骰子开始不听话了，不由得心浮气躁，可越急越不成事，不一会儿，已将银子输得精光。

刘庆是来赢钱的，想不到假骰竟然会将钱输光，急躁之下，抢过骰子细细观瞧，才知道已被人家不知不觉换掉，不由大怒："好小子，你敢出千偷我骰子！"刘庆一声吼，引来无数人的注目。刘庆这才想起自己进来的主要目的是打探消息，更何况自己的骰子本来就是假的，怎么能贼喊捉贼呢？

老五笑呵呵地冲众人摆了摆手说："误会，误会。"然后凑近了刘庆："这位爷，可否借一步说话。"刘庆知道老五来者不善，想要先撤，却发现老五的一把匕首已悄悄地顶在腰间，老五的身后，几个彪形大汉正虎视眈眈。

刘庆被老五胁迫着来到了后院，刚进后门，刘庆只觉得眼前一黑，就被人蒙头按倒在地。

刘庆被绑在柱子上，老五从刘庆身上搜出那张画像，狞笑着指着画像说："想不到乔老三请来了这么个蠢人，还敢来我赌坊找事。"刘庆一时有些蒙。但接着从老五的得意中明白了其中有误会，虽然说此行很失败，但至少知道了画像中的人叫乔老三。

刘庆将错就错，骂道："我就是乔老三请来的怎样？你若是不放了你爷爷，小心我明日和乔老三再来，摆平你们赌坊。"

老五听罢哈哈狂笑，仿佛觉得刘庆就是个天大的笑话，得意地数落起来，刘庆也从数落中听明白了来龙去脉。这乔老三到了来福赌坊出千，被李进树的手下当场逮到。可乔老三却大放狂言说，没有他就没有李家的今日。最后李进树火起，将乔老三一顿暴打，并嘱咐手下人，从此不让乔老三踏进赌场一步。乔老三不服，扬言要让李家把欠他的连本带利都还给他。听说后来去了京城上告。那李进树当然不会怕一个泼皮，所以告诉手下，下次乔老三如有再犯，直接做掉，以绝后患。

老五说到这儿，狠声说道："你个死胖子，就凭你这点老千功夫，也只能给乔老三垫背。”说罢，老五回身抽出一把钢刀，冲着刘庆的脖子比划起来。

刘庆心中暗想：“这回爷是栽了，就这样被莫名其妙的杀害了不说，连探听的情报也送不出去了……”

老五的钢刀已经举起，突听一声轻喝：“住手！”老五转身来看，只见一白面中年人已到身边。老五一见来人，顿时没有了威风，赶紧跪拜在地：“原来是吴义吴大人，小的捉住了来找乔老三的人，正准备帮您将他正法呢。”吴义面无表情地扬了扬手：“滚！”

老五不敢有片刻停留，带着几个大汉消失。刘庆目睹这一切，心头又喜又惑，喜得是暂时不用死了，惑的是，不知这吴大人是什么来头，看样子也不是什么善茬。

吴义冷着脸，看着刘庆说道：“我在等张怀圣入局，没想到正主儿没来，却逮住了你这个死胖子，你们真不知好歹，让你们不要多管闲事，你偏不听。我且问你，这个案子你们已经知道了多少事？”

刘庆暗自叫苦，这是刚出狼群，又入虎穴，干脆一不做，二不休，破口大骂：“你是什么人？你胖爷爷死不足惜，只是还没查出真相，要杀要剐，随你的便，你胖爷要是眨一下眼，就算孬种。”

吴义冷哼一声说道：“好，是条汉子。刚才留你性命，只是想问一问张怀圣的下落，既然如此，今日我就让你做个明白鬼。不错，我正是东厂锦衣卫吴义，那乔老三是被门卫掌班胡卫买凶杀死的。那个胡卫，实在是脓包，杀个人还惹了这么多腥气，最后还让本大人来给他擦屁股。我暗中跟随，知道你们肯定会来这儿调查，所以在此守株待兔。”

说罢，吴义缓缓抽出东厂独有兵器绣春刀，刘庆知道这次是在劫难逃了，只有长叹一声，闭上了双眼。

吴义的剑刚出鞘，门外突然一声大喝：“张怀圣在此！”一阵风声，只见严参挥舞着长刀已冲将进来，刀刀直劈吴义要害，吴义挥剑自防，两人战在一处。

张怀圣此时已来到刘庆身边，挥剑斩断了刘庆的绳索。刘庆怒吼一声，抽起身后的一根铁棍就向吴义砸去。那吴义虽然功夫不弱，又怎能敌得住刘严二人，节节退向院外，刘庆紧追。张怀圣低呼一声：“快走，要不然赌坊的人就全来了。”说罢，三人急急越过院墙，逃出了来福赌坊。

脱离了险境。刘庆长吁一口气：“今日差点就命丧肃宁了。”严参笑道：“不会的，刘公子一脸福相，不会英年早逝的。”张怀圣也松了一口气说道：“确实凶险，好在及时赶来了。”

原来刘庆进赌坊之后，好久都没出来，张怀圣感觉有些不对，想起那夜跟踪他们的黑影，又联想到肃宁赌坊仅此一家，猛然顿悟，如果对方早已守在此处，刘庆就危险了。所以和严参立即翻墙入了后院，救得了刘庆。

刘庆心有余悸：“真多亏我多赌了两局，要是直接拿画找人，等你们找来，还不就剩一具胖尸了？唉，只可惜又输了十两银子。”

张怀圣笑道：“如今各个案情已明，现在只缺一条串联案情的主线了。刚才我接到了柳燕的飞鸽传书，她已找到了断手出城的老人，你们猜这位是谁？正是黄六指！”

八、真相大白

京城之外十几里地，一个破旧的农舍里。柳燕给一个老者端去饭菜，老者伸出一只左手来接，嘴里喃喃地念道：“柳姑娘，难为你还照顾我这个老头。等到张大人一到，我就跟他回刑部复命。”老者的右手已从腕处齐齐斩断，伤口处依然还有血迹渗出。

日近午时，屋外传来阵阵马嘶，张怀圣，严参，刘庆进了农舍。老者见到张怀圣，纳头便拜，张怀圣赶紧搀扶起老者笑着说：“黄老先生，断掌之痛犹在，不必行礼。既然我们能够找到你，现在你可以告诉我们真相了。”黄六指看了看胸前吊着的断臂，长叹一声，微微点了点头。

那一日午后，黄六指正在后堂配药，只见阿二匆匆赶来，神情严肃，说有要事相商。按说黄六指和阿二这样的街头无赖应该沾不上边，但偶有一次，阿二吸多了叠翠楼的烟草后，一时天旋地转，昏倒在里面，被人家扔到雪地里，正好被出诊的黄六指救起。黄六指将阿二背回药铺，将其救醒过来，发现阿二是因为误食了过量的“阿芙蓉”，才导致昏死雪地之中。寻着这个原因，黄六指发现了李目鸦片搀烟草的黑幕。

李目想要杀黄六指灭口，正巧阿二放言要做人头生意，那阿二还欠着李目一大笔烟钱，李目为了省钱，就让阿二去杀黄六指抵账。阿二本来准备推辞，因为他刚刚接到了一笔生意，但一见李目要杀的人是黄六指，便没再推辞，阿二知道，如果自己不答应，那么杀黄六指的还会另有其人，李目这种人不达目的是不会罢休的。

阿二为了救出黄六指，决定偷梁换柱，杀掉另一个人冒充黄六指，但必须让黄六指割下他的六指断掌，才能取信李目，同时也不让另一个雇主看出破绽。黄六指考虑再三，终于还是答应了，于是他忍痛断己掌，又以硫酸毁尸容，故布药方疑阵，引得张怀圣领着陈捕头将李目绳之以法。

阿二之所以要从里面拴上门，是拖延时间，好让黄六指能从容地逃离现场。黄六指的伙计第二天指认尸体的时候，毫不犹豫，而且分析的头头是道，张怀圣就怀疑。后来又从伙计的窗洞向内探看，却发现天窗角度不一样，尤其午时，根本看不清黄六指所躺的位置。所以张怀圣断定，伙计的证词不尽不实。所以三人去肃宁之时，张怀圣让柳燕跟踪伙计找到黄六指，一切终于真相大白。

黄六指长叹了一口气：“只可惜乾坤不明，若不是李目势力太大，我又怎么会同意阿二的这着棋呢。但不知那个替我而死的冤魂到底是何方人氏。

如今李目伏法,我愿跟随张大人回刑部领罪。"

张怀圣听到这里,起身摇头叹道:"这起案子,恐怕是不能再惹祸上身了。只要和此案关联之人,都将有杀身之祸,包括你我。你以为李目的死,是因为他买凶杀人吗?你们有没有想到,阿二煞费苦心经营的这起换尸案背后,还隐藏着一个巨大的秘密?这就是我们肃宁之行的结果。

来福赌坊李进树能垄断肃宁赌业,都得益于他的一个名叫李进忠的哥哥。说起李进忠,只要是肃宁的人都知道,当年曾嗜赌如命,最后输得债台高筑,走投无路,失踪了。

张怀圣在听到李进树这个名字时,就已经知道,为何这起案件会与九千岁有关了。因为九千岁的原籍正是肃宁,而九千岁的原名正是李进忠。

众人一听,不由一声惊呼。原来有此隐情,难怪会有东厂的人出现。

李进忠当年输得无路可走而净身入宫,付出了惨痛的代价。时间一晃过去几十年,只是谁也没想到当年的李进忠竟然已经成了如今的魏公九千岁。所以,李进树的势力才不容小觑。

死者乔老三,因为探听到九千岁就是李进忠,仗着当年和李进忠还有些交情,所以来到了京城,要找九千岁给他和李进树之间讲理。九千岁当然不会再理这个茬,根本没见面,就把这事交给了门卫掌班太监胡卫处理。这个胡卫,是个看脸色行事的主儿,找到阿二,想用江湖规矩处理了这个乔老三,让他永远消失,以护魏公"清誉"。胡卫做的这一切,李进忠应该都心知肚明,但他不会表态。

阿二同时接到了两起人头生意,上演了一场断掌换尸的好戏。只是当张怀圣发现了端倪,令刘庆画出乔老三画像之后,胡卫才知道阿二事情做得并不稳秘,所以干脆将错就错,斩了李目,杀了阿二,力求结案平息这一起风波。

张怀圣带着刘庆严参赶往肃宁时,胡卫感觉到事态无法平息,所以不惜请动东厂锦衣卫吴义，只求阻止李目案的真相传播出去。所有的这一切，最后不过围绕着一件市井丑闻在进行。但不知道魏公的“清誉”和那些真相，那些性命比起来，究竟孰重孰轻？

九、尾声

李目案最终由张怀圣勾红结案，不再追查，陈捕头受赏。叠翠楼被缴充公，随后“阿芙蓉”成为官方独家买办药品，所得利润上缴国库，为国创收，可谓一举多得。

不久后，太监胡卫被九千岁赐死，罪名不详。

之后，张怀圣潜心研究出一只木掌，机簧精巧，张怀圣将木掌偷偷赠与黄六指。黄六指伤势已愈，感激不已，笑曰：“从此世上再无黄六指了，以后我将隐居山林，就请叫我黄木掌吧。”

张怀圣缓缓地点头，目送黄木掌远离京城而去……

天启大爆炸

一、天有异象

天启六年五月，端午刚至，就已经炎热不堪，堪比三伏。这日刘庆和严参准时点过卯后，刘庆就开始不停地摇着蒲扇，一个劲地怨道："天有异象，必出事端，看样子老天是不准备让我们胖子活命了。"严参听罢，反唇讥讽道："据说当今圣上也是富贵之态，这又作何解释？"刘庆一时语塞，不知该如何应对。张怀圣轻喝一声："不可胡说！"

正在此时，屋外一声震耳的巨响，直震得人耳中乱鸣，整个照磨所都开始摇晃起来，堂前挂着的信王所赐之匾"安邦卫国"也轰然跌落。三人面面相觑，一时没反应过来是怎么回事。刘庆突然大叫了一声："地震！快跑！"就慌不迭地扔掉蒲扇，抢先向门外奔去。

三人全部来到屋外，刘庆有些讪然地笑道："看来，还是我胖子的身手最敏捷，第一个逃出了门外。"严参白了他一眼："你怎么不说你最怕死？"

巨响来自城西南一角，张怀圣抬眼望去，只见京城的西南上空，腾起一股巨大的浓烟，远远看去，状若灵芝，渐渐往东北角扩散，仿佛一只巨兽正欲张开血盆大口,要将半个京城吞噬。张怀圣说道:“不是地震,看来是真的有事发生了。我们速去现场,看看究竟是怎么一回事。”

三人策马狂奔,半个时辰左右已到了出事地点附近,此处离浓烟仍有三四里之遥,但街上已是一片疮痍,不少受损的房屋已经倾斜,摇摇欲坠。而浓烟之下,可见有冲天的火光仍在熊熊燃烧,伴着燥热的天气,热浪扑面。街上路人皆惊慌不已,哭喊着成片地逃离浓烟而去。独独张怀圣三个逆着人潮而进。

再往前去,其状已惨不忍睹。街道两边房屋都已成为一片废墟,马也无法前行。三人只有下马,徒步前行,随处可见不少尸体横陈,还有不少残肢四散,遍处的血迹已被落下的灰尘渐渐覆盖,不再鲜红,反呈褐黑之色,触目惊心。更为奇怪的是,每具尸体皆已衣衫尽失,赤身而亡。

此时,火光不但没有消减之势,反而愈燃愈烈,热浪更是一阵紧似一阵,灼得皮肤生疼。刘庆嚷道:“大人,看样子再不能前去了,会把人烤焦的。”

刘庆说得有理,张怀圣站定,茫然四顾,剑眉深凝,心中也不禁打了个寒战,面对如此情景,搜尽胸中所知,竟也找不出一丝合理的解释。

严参突然听到一阵微弱的杂音,赶紧凝神细听,在一处断壁的角落里找到声音的来源,是人的声音。严参叫道:“大人,下面还有活人。”

三人赶紧上前,扒开废墟。扒的途中,有一牌匾,可见“百花楼”三字。刘庆嘟囔道:“好好的一个百花楼倒了,也不知有多少姑娘香消玉殒了。”张怀圣和严参根本没理他,不一会儿,他们在断壁之下,发现了一块撑起的旮旯之地,有一人裸身蜷缩于内,方得以苟命。严参身材消瘦,将此人背出旮旯。此人已声息微弱,头发和眉毛都已经烤焦,几乎没有了,只留下黑色的炭迹,独独嘴角四周仍光滑如常,但见其裸身,却可以断定是一男性无疑。张怀圣道:“速速撤离此地,或可救他一命,也可问个详细。”

这时刘庆看见了此人的下身,不禁哑然失笑,又看见此人旁边的一块腰牌，顺手拾起，终还是没忍住，又说了一句："这人竟然是王恭厂监吴明果。哈，在妓院里救出一个公公，这怪事是越来越多了。"

刘庆脱下宽大的布衫，将吴明果包上，然后三人轮流背着，又撤回到了拴马处。严参去找来清水，慢慢地喂入吴明果的口中，吴明果终于悠悠地醒转，虚弱地睁开了眼看了看，又昏睡了过去。

此时一队人马正向张怀圣他们走来，骑在马上的正是东厂掌班胡铁卫。胡铁卫识得张怀圣，随即打着哈哈说道："原来是张大人，真是哪里有事哪里就有你啊。"

张怀圣起身道："胡公公见笑了，张某不过是来看看罢了。"

胡铁卫皮笑肉不笑地说："张大人，恐怕你是看不成了。我已经接到魏公命令，封锁现场，闲杂人等一律清出，我们已经调集了士兵，来扑灭这场大火，这里就不劳您费心了，请吧！"

张怀圣拱手道："我们这就走。"严参背起吴明果，准备离开。胡铁卫突然伸手制止道："慢，这人是在现场救下的，还是给我们处理吧！"

胡铁卫一挥手，手下士兵已不容分说，就上来要人。严参恨他太过嚣张，意欲不给，胡铁卫哈哈一笑，向张怀圣阴阳怪气地说道："张大人，这可是魏公亲令，我想你的手下应该不会公然和魏公作对吧？"

张怀圣对严参摆了摆手："这吴明果本来就是东厂的人，还给他们是了。"严参这才放手。刘庆突然想起什么似的，转身拿过包着吴明果的衣衫笑道："爷的衣可不是公公的遮羞布！爷要拿回家烧了它。"

胡铁卫气得脸色发青，看着三人上马离去。

二、妖象横生

翌日，京城的上空笼罩着一层灰霾。照磨所内依然闷热无比。张怀圣拿着纸笔,仿佛在演算着什么,身上的汗已浸湿了衣衫,张怀圣却不管不顾,只是兀自不停地摇头。

严参从门外匆匆赶了进来,张怀圣头也没抬地问道:“可探听到柳姑娘的消息了?”

严参摇了摇头:“没有,但我却又听到了一个传闻,胡铁卫被火烧死了。”

胡铁卫昨日调集来一帮士兵救火,还带着无数装水的马车。胡铁卫指挥士兵上去泼水,不曾想,士兵将水泼向火中,却发生了怪事。水入火中,如同火上浇油一般,火焰反而窜得更高。士兵被燎烤得四外乱窜,扔掉手中的水盆就跑,可那火竟然沿着掉落在地的水迹,一路反窜过来,烧着了装水的马车车辕。车马受惊,四蹄乱踏,竟然将胡铁卫撞倒在火中,最后救火的胡铁卫反被烧死了。

张怀圣“哦”了一声:“还有这等怪事?”

严参道:“那个跛扈的胡铁卫烧死倒没什么,可这事确实蹊跷。现在坊间谣言四起,有无数种版本,但我觉得最靠谱的说法是说王恭厂的火药爆炸了,昨日爆炸中心正是此处。可是死者皆裸体、火助水势,却着实怪异。”

张怀圣这才抬起头,皱眉说道:“从我推算的结果来看,王恭厂库存的火药仅有几百吨,哪会有这么大的威力?”

王恭厂的位置正是北京内城的西南隅,是皇家的兵工厂,又称火药局,是专门做火药的地方。正因为是兵工厂,又是做火药的工厂。所以先皇把它安排在城内,又怕它万一爆炸影响皇宫的安全,才把它安排在城旮旯的地方,距皇宫大约有三公里的安全距离。

王恭厂隶属于工部,厂内有监厂太监吴明果一人,工匠三十余人,还有一些临时招募来的帮工。日产火药约两吨,常贮备量约为千吨。但今年开春,袁崇焕将军与努尔哈赤在宁远开战,从工部调走了全部火药,用红夷大炮死守,终于以少胜多,打败了努尔哈赤。所以王恭厂内的火药早已经空空如也。之后按每日两吨的火药产量算,现在火药数量不过几百吨而已。就算爆炸,也不会有如此严重的后果。

严参点头称是。张怀圣突然又话锋一转:“已经两天没见着柳姑娘了,应该不会有什么意外吧。”

严参知道张怀圣牵挂柳燕安危,好言劝道:“柳姑娘是个侠女,爆炸地点离我们又远,应该不会有事的。我再去找找。”

门外突然传来一声轻笑:“我就知道你们在讨论昨天的事,所以没有现身,想听听看你们的见解,不曾想,大人还会惦记着我的安危。”话音刚落,只见柳燕高兴地从门外跨了进来。

张怀圣的眉头这才舒展开来:“柳姑娘昨日可曾受惊?”

柳燕轻啐了一口:“我可没大人说的那么娇贵,昨天爆炸后,我第一时间就来到了照磨所,可是你们几个都不在。于是我就四处寻找你们。说来也巧,还真遇上了一件事,说不定和爆炸案有些关联。”

柳燕昨日寻找张怀圣,寻到城中一块空地上,只见那里聚集着无数逃难的人,一个道士模样的人,站在空地中央,手舞一根木剑,念念有词:“地雷起,日月亡,人无衣,城无皇,禾女鬼,似豺狼,火不灭,悔断肠。”

在大明,自从万历皇帝痴迷道教后,道士就被披上了神灵的外衣,所以不管道士说什么,对普通的百姓来说,都很有说服力。

人们一听那四句偈语,纷纷议论说,皇上昏庸,不理朝政,“日月”大明已被“禾女鬼”所控,引起上天不满,特地降罪于京城,昭示大明气数已尽。如今这四句偈语,在整个京城都已经传得沸沸扬扬,弄得人心惶惶。

张怀圣一听,全身一震,连忙问道:“柳姑娘可还记得那个道士的模样?”

柳燕笑着说:“记下了,和大人呆久了,我也有了一些破案常识。这个道士敢公然说这些话,肯定不是一个正常的道士。所以我不但记下了他的容貌,还开始跟踪他。可那道士却狡猾得紧,很快钻入人群,溜之大吉了。”

张怀圣说道:“等刘庆一回来,你就让他画出那个道士的头像,或许这是一条重要的线索。”

说曹操,曹操到。刘庆人还没进门,就嚷嚷开了:“严参,我现在才知道,你才是真正乌鸦嘴,老天要灭的不是我刘胖子,而是昨天你说的那个人。”

刘庆一进门,看到柳燕,笑着说:“柳姑娘,你可让我好找啊。张大人都快要急死了。”柳燕偷笑,拿眼去看张怀圣。张怀圣却看向刘庆:“你怎么又开始胡说了?”

刘庆无辜地说道:“我没胡说。你不是一直在为柳姑娘担心吗?”

张怀圣被气得哭笑不得:“我是说你刚才进门说的那句。”

刘庆一听,又火不打一处来。

刘庆早上和严参分别去探听柳燕的消息,也听说了胡铁卫被烧死的消息。于是就又赶往王恭厂,想去凑个热闹。到了王恭厂附近,大火已被熄灭。据说是因为水车全被烧毁后,有人献策,百米之外,皇上正在修建的凯旋楼,有大量泥沙,盖火可灭。果然,火势被灭了,于是立即有拍马屁的汇报皇上,是皇上的龙威镇住了这场大火。

在这样的当口,那帮奸佞小人不去调查事故原因,首先想到的还是溜须拍马。更过分的是,东厂不但封锁了整个王恭厂的现场,任何人不得进入,还不惜出动锦衣卫,开始在城里四处抓捕唱那四句偈语的人,连孩子都不放过。

说到这里,刘庆气呼呼地说道:“出了事不是错,而这样的处理结果,才是天要灭人呢!”

张怀圣也不禁长叹了一声说:“这次爆炸案疑点众多,有太多不合理的现象。可此案已涉及了工部,又由东厂出面,和我们已经无关了。各位还是先回去休息吧。”

入夜,万籁俱寂,照磨所内,仍独留一盏孤灯。门外,突然门环轻响。张怀圣起身打开大门,却见刑部员外郎赵准正在门外。

三、临危受命

张怀圣赶忙让座请安。赵准看了看张怀圣留在桌上的纸张,笑了起来:“你又心痒了吧?”

张怀圣回:“谨记大人教诲,这一次一定不轻易介入此案,只是心有疑惑,才无事推算,纯属消遣。”

赵准却突然悠悠地叹了一口气说道:“此番我来,却正是让你去查此案的。”张怀圣心中一惊,不知其中原因。

赵准此次前来,实有不得已苦衷。大爆炸案发之后,整个京城人心惶惶,民怨沸腾。四句偈语已传到皇上的耳里。皇上龙颜大怒,责令工部找出王恭厂爆炸的详细事故原因。此时皇上盛怒,又辩解不得,工部有苦难言,只有悄悄央求刑部,去查事件的真实原因。

说罢,赵准拿出工部王恭厂备案的火药报表。张怀圣接过一看,和自己的推算结果几乎一致。工部确定,这几百吨的火药绝对没有这么大的威力。而且王恭厂戒备森严,所有的房子都以土石结构为主,且完全封闭。平时任何人进出,连兵器都要没收,更别说火镰之类。怎么会无端起火?更有一点,普通火药会爆炸,但也只会瞬间燃烧,绝不可能持久燃烧,且水浇不灭。所以刑部认定此中定有原因。

张怀圣说道:“昨日我们救起厂监吴明果,不知工部有没有去询问?”

赵准无奈地说:“吴明果受伤倒是不严重,现已因监管不力被关押在大狱之中。他监管王恭厂,但却属于魏公门下,行事并不用通过工部,所以工部也没有关于吴明果的记录。而且,他被爆炸一震,已成失心疯,问不出个所以然了。”

张怀圣点头："赵大人的意思是让我去彻查此案，也好还工部清白？"

赵准沉吟了片刻："还工部清白倒也无妨，只是事发蹊跷，皇上震怒，民怨沸腾。由于此案引起的民间震动前所未有，皇上已经接受了建议，于七日之后下'罪己诏'，诏告天下。如果七日之内，你能查明真相，或许可替皇上解了这个围，也算是保住了我大明的颜面。"

张怀圣默然，他没想到，这个案件的背后还会附带这么沉重的一个任务。

赵准见张怀圣没表态，只好说道："事出无奈，我相信这么离奇的案子，也只有你才能理出头绪，如果你真的觉得为难，也不勉强。毕竟事关机密，弄不好会惹祸上身。"说罢，起身欲走。

张怀圣连忙拱手说道："赵大人，我不是不想查，只是王恭厂一带已被东厂封锁，去不了现场，无法开始。"

"这一点，我已有准备。"说罢，赵准掏出一物："这是我向圣上讨的圣旨，办案者所到之处如皇上亲临。"

张怀圣接过圣旨，笑道："正是我所想要的东西。"说罢，起身欲送赵准离开。

赵准知道张怀圣已经答应了，微微一笑："此案非同小可，你要记住，不管查出什么结果，你们几个办案人员，都不能走漏风声，只能单独报告于我，然后由刑部和工部商议怎么处理。"

张怀圣点头答应。赵准转身消失在茫茫的夜色之中。

第二日，张怀圣将接手此案的消息告诉了众人，吩咐柳燕配合刘庆画出唱偈道士的画像，自己则带着严参，向王恭厂而去。

在快要到达王恭厂时，有士兵拦住了张怀圣。张怀圣拿出圣旨，士兵立即放行。张怀圣又让一个士兵头目跟在身后，答疑解惑。小头目哪敢怠慢，如影随形。

整个王恭厂一片废墟，到处都是焦黑的火烧痕迹，不少士兵正在清理。等到达王恭厂的爆炸中心，张怀圣也不由得倒吸了一口凉气。爆炸中心点的平地上赫然陷下去两个大坑，约长三十步，阔十四、五步，深两丈许。这是何等威力所致？小头目告诉张怀圣，王恭厂内，被炸死之人足有百余，现在才刚刚将尸身清理干净。

张怀圣心中犯疑：王恭厂只有工匠三十余人，如何会有百具尸体？小头目摇头不知。

不到两里开外，一座高高的楼阁已经基本建成，只是现在已被震得歪斜不堪，摇摇欲坠。小头目说，此楼正是凯旋楼，爆炸当日，正在施工的匠师们，从高大的脚手架上被震了下来，两千余人跌成“肉袋”。直至此时，还有许多士兵在处理那些匠人的尸体。天气暴热，有些尸身已经开始腐化，散发出阵阵恶臭，并且尸身几乎全裸，其状惨不忍睹。

张怀圣在心中长叹了一声。素来冷峻的严参，此时也不禁动容，弯腰欲呕时正看见一处废墟里埋着一件布衣。严参扒开废墟，取出布衣抖开，衣服已破损不堪，但却见衣服呈直条状撕裂，并无缺损。

张怀圣道：“如此熊熊火势，如若不是废墟掩埋的深，恐怕早已成灰了。将此衣带回去，或许有用。”严参点头。张怀圣环顾四周，两个深坑内已有士兵正在清理回填。

张怀圣突然发现，两个坑内情景大致相同，但若仔细观察，会发现一坑之内只是焦黑，有硝火之痕。而另一坑之内，却黑中发亮，如若涂了一层黑汁。而此类黑汁在坑边四处漫延。如非士兵整理，破坏了现场的完整，说不定能看到更大的范围。

张怀圣连忙跳入坑内，伸手去摸，触之如浆，却又坚韧如石。张怀圣取出佩剑，深插了一剑，此浆却深盖地层，不见原土。张怀圣用力使剑割下方正的一块，递于严参。严参习惯性地放在鼻下一闻，一股隐隐的臭气扑鼻而来。此臭气非同尸臭，如若不是现场有大量尸体，肯定能细闻出其区别，而现场的尸臭早已将其他的气味一律掩盖了。

张怀圣从大坑往凯旋楼基走去。这段路倒是相对平坦，只是有一堆小小的废墟兀立在凯旋楼左方。张怀圣不甚理解。小头目告诉张怀圣，此段路本已有不少居民住所，但皇上为了建造凯旋楼，庆祝宁远大捷，已将附近居民全部迁走，只剩下那几间老宅，暂时因为家主要求，迟缓些时日再拆。因为老宅地处相对偏远，不影响工程，所以一直留下了，那一小堆废墟正是间老宅。

张怀圣"哦"了一声。走到废墟旁边，绕了一圈，并未发现异常。却听严参"咦"了一声，向着废墟中的一个土堆跑去。严参来到土堆边，拂开土堆之上的烟尘。取出一把碎土，握在手心。然后说道："大人，此土堆是新土，虽经大火燎烤，但握之仍有潮感，可见就是近几日挖出的。此地离工地尚有一段距离，不知此土是做何用？"

张怀圣回头看了看王恭厂，走入废墟中间，扒拉开砖石，只见新土旁边果然有个已被震塌的洞穴，里面现已掉满了碎砖块，张怀圣心中豁然开朗，连连点头，对严参笑着说道："等会儿回去，我要说个故事给你们听！"

四、暗度陈仓

此时，刘庆已经画好了道士的画像，柳燕连连说像。无事之时，柳燕忽然倡议道："胖子，你既然画画得这么好，为什么不给我们每人都画上一张？"

刘庆不解："又不能卖钱，画它作甚？"柳燕轻轻叹了一口气："人生无常，假如有一天国破家亡，我们也好看着画像做个念想。"

刘庆没想到一向豪爽的柳燕会突然来了这么伤感的一句，赶紧骂道："呸呸呸，多亏只有我胖子是乌鸦嘴，柳姑娘，你就安心等着张大人回来吧。"

说话间，张怀圣已经和严参回到了照磨所。张怀圣看过画像，很满意。刘庆瞪大眼睛问道："大人，你和严参可发现什么新线索。"张怀圣微微一笑："刚才我答应要给严参讲个故事，现在大伙就凑在一块听听吧。"

"北宋末年，宋徽宗赵佶在奸相王黼的怂恿下，去会了当时的京城名妓李师师，最后被李师师的姿色所迷……"

刘庆一听："嗨，大人，这故事谁没听说过啊，你的意思我们都知道，皇上信任错了人，就会亡国。可现在案子还没破，说这个有什么意义。"

柳燕白了胖子一眼，接过了话茬："我倒觉得赵佶是个情种，虽然他没当好皇上，又爱上了一个名妓，但至少他是个敢爱敢恨的男人。"说罢，拿眼看了张怀圣一眼。

张怀圣倒不理会二人的插科打诨。继续说道："赵佶喜欢上了李师师之后呢，苦于皇宫防守太严密。作为皇上，每夜出皇宫狎妓，被人知道了也影响太坏，于是奸人高俅就想到了一个馊主意。"

"挖地道！大人，我想到了。"严参突然一拍脑门，兴奋地说。刘庆插嘴道："这谁都知道，赵佶挖地道密会李师师，有什么稀奇的？"

张怀圣点头对严参说道："对，皇宫防范这么严，都能挖通地道。王恭厂虽然防守严密，如果也有人挖地道进去了，放上一把火，那么王恭厂还是密不可破吗？"

严参联想到那间老宅的废墟，说道："大人，我明白了，此案定是人为，是从那间老宅潜入王恭厂点火引爆的。"

刘庆此刻也终于听出眉目："确实有理，但我还有几个疑点。如果是人为放火，那么这个人可能已经被炸死了。还查什么？"

张怀圣摇头："引爆火药，一般都有引信。引信燃烧的这段时间，就是引爆人逃离的时间。王恭厂离老宅有将近一里路，假设这根引信有一里路，那么引爆的人还会被炸死吗？"

严参点头，但随即说道：“大人，可又怎么解释几百吨炸药会有这么大的威力？为什么火药会持久燃烧，水浇不灭？又为什么人死后会赤身裸体？这些可都不是人为的力量可以达到的。”

张怀圣摊了摊手：“现在还不清楚，因为案件需要保密，严参，柳燕，你们俩带着画像悄悄地打听画像中人，最主要的是去走访那间老宅的主人，问最近可见此人进出。刘庆和我去大狱，提审吴明果。作为王恭厂厂监，肯定会知道一些真相，哪怕他是个疯子，也要试一试。”

事不宜迟，四人分头行动。

话分两头。张怀圣来到刑部大狱。大狱内，吴明果蓬头垢面，双目呆滞。狱卒将他提出大牢，按绑在刑凳上，吴明果依然傻笑不已，一问三不知。狱卒取出两支细长的竹签，对准了吴明果的指甲缝，慢慢地插了进去。这种疼痛非常人可忍，但吴明果却依然毫无察觉一般，咧着嘴笑，好像被刺的根本就不是他本人。狱卒并没放弃，又开始插第二根。张怀圣伸手制止住了。狱卒问道：“张大人，这个疯子还需要审吗？”

张怀圣无奈地摆了摆手：“放了他吧。”

狱卒将吴明果从刑凳上放了下来。突然，吴明果蹿起来怪叫着扑向张怀圣。张怀圣一时未提防，又离得太近，被吴明果抱了个结实。吴明果狂笑着一口咬向了张怀圣的肩膀，一阵剧痛从肩上传来。两个狱卒赶紧上前拼命地拉扯着吴明果，可吴明果却死死地抱住了张怀圣。纠缠了一会儿，吴明果终于松了手，此时狱卒已经将仍在傻笑的吴明果拖进了大狱。

出了大狱后，张怀圣才发现自己的胸口被吴明果受伤的脏手弄得全是血迹。张怀圣低头整理，意外发现，胸口间已被塞入一块破布条，布条上用血迹写着“魔鬼的汗珠”。

吴明果没疯？可这句没有来由的话是什么意思？刘庆在一旁也不知所以：“大人，这没头没尾的一句话是什么意思，我看着怎么像你们教会里的话一样？”

刘庆的一句话倒是提醒了张怀圣，带着刘庆去了教堂找到了范穆尔。范穆尔听罢，哈哈大笑：“我还以为张兄惦记起我来看我呢，哪知每一次都是有事而来，就不能专程来看望我一次吗？你说吧，这次来又是为了什么案子？”

张怀圣知道案情不便透露，只有讪然说道：“哥哥就别再打趣了，你听说过‘魔鬼的汗珠’吗？”

范穆尔正色说道：“你有没有听说过石脂水？它就是西方人所说的(魔鬼的汗珠)。”张怀圣突然“呀”的一拍脑袋，笑道：“我怎么就忘了，我找到答案了！”

五、惊天阴谋

沈括《梦溪笔谈》介绍过石脂水：“生于水际砂石，与泉水相杂，惘惘而出，或浆或凝。因可助燃，又云猛火油(即如今的石油)。”

张怀圣回到照磨所，将曾在王恭厂取回的黑色凝块架于火上。只见凝块慢慢融成液体，流到木柴之上，只见木柴上的火焰更烈了。而没有流到木柴上的黑色液体，竟然也能边流动，边燃烧，宛如一条蜿蜒的火蛇。

刘庆取来少量清水，泼于火上，火焰不但没有熄灭，反而陡然暴长，吓得刘庆赶紧退后几步。那水掺入猛火油之后，油被稀释，更易于燃烧，四处流动，而蓝色的火苗如同一只怪兽的舌头，卷向空中，将夜晚的照磨所院内照得更加明亮。

从王恭厂的现场来看，当时肯定有大量猛火油库存，只是这事为何一直无人提起？

正在此时，严参和柳燕归来。当日下午，严参和柳燕找到了老宅房主。

房主告诉严参，前段时间确实有人将他的老宅租借了出去，听口音不是京城人，是个外地生意人，租老宅暂时当作货物仓库。对方只租一个月，但给的租金却相当可观。房主一时贪财，加上老宅尚未拆迁，于是就答应了对方。严参拿出画像让房主看，房主确认画像正是租住之人。

也就是说，唱偈的道士和租房之人是同一个人，也就是爆炸案放火的凶犯。

刘庆嚷道："那我们赶快满城张贴画像，捉到凶犯，一切疑问即可迎刃而解。"

张怀圣摇头："此案事关重大，目前凶犯是何来头，动机为何还不清楚。我这就去赵大人府上请示，你们切莫擅自行动。"说罢，张怀圣已起身赶往赵府。

赵府之内，赵准听完张怀圣的分析，眉头深锁："大明境内一直没有石脂水，倒是努尔哈赤建立的大金国盛产此物，只是不知王恭厂哪里来的这么多库存？待我明日就去工部探听虚实，你等我的消息。"

第二天，赵准亲自来到照磨所，深深叹了一口气。原来工部确实知道王恭厂存有石脂水若干，只是工部众人只知晓石脂水有助燃之力，但还不知道它会遇水更燃。石脂油的具体数量，只有吴明果有库存单。大爆炸弄得人心惴惴不安，所以根本无人向皇上提及，即便有人怀疑，也不愿揽事上身，所以人们才忽略了石脂水的存在。

朝廷上下，人人不求有功，但求无过，哪里还有真相？张怀圣压住心头怨念，又问道："赵大人，此案与石脂水有莫大的关系，可曾问明石脂水的来源？"

赵准点头："今年年初，袁崇焕将军于辽远一战，以少胜多，用性命保住了我大明防线。还用红夷大炮炸伤了亲自上阵的努尔哈赤，使其元气大伤。所以皇上才命令建凯旋楼，以示皇威。今年四月，努尔哈赤派来使者议和，赠石脂水数吨，以示诚意，石脂水尽收王恭厂库存。而你图中所画之人，正是使团内的萨宾图。”

张怀圣“啊”的一声惊呼：“赵大人，原来这是努尔哈赤的惊天阴谋。可以肯定，纵火之人萨宾图必是努尔哈赤指使，请速准许我等立即去使馆将他捉拿归案，到时候证据确凿，则可洗清谣言。”

赵准犹豫了半晌，摇了摇头：“我已请示刑部和工部，联合加急奏明皇上，已由司礼监批阅。怀圣，此案牵扯的已是国家大事，绝不如你我想象的那么简单！”

司礼监批示的意思是，大金使团仍是我大明座上之宾，将于三日后方才离京，故此事不宜按普通刑案处理，如果无故抓捕金国使者，将有伤两国和气，破坏了两国刚刚建立的友情，致使战乱。故三日内，不允许再追查此案。至于本国谣言，则按原计划，在大金使团离京后，由皇上亲下“罪己诏”，以安民心。为了防止民众暴乱，从此刻起，全城戒严。

张怀圣听罢，怒从心起，钢牙错咬：“赵大人，证据已然若揭，缘何是无故抓捕？如果我大明一味忍气吞声，则让大金知我朝懦弱，更有图我大明之心。这番决定，真是糊涂至极。只叹我朝唯有袁将军是铁血真男儿，却可惜整个王朝，早已对外软弱无能，对内却暴政横行。这也要怪民怨四起，天灭大明吗？”

张怀圣一番话，直说得气血翻涌，涕泪盈眶。

赵准久久无语，最后只轻轻一叹：“怀圣，你说的确实有理，但如今宦官当道，多少直言忠谏之巨已死于非命，我等也无力回天呐。”说罢，赵准蹒跚起步。

张怀圣突然想起什么似的：“赵大人，既然如此，我还有一事相求，以明我心中疑惑，也算是将此案善始善终。”赵准点头。

刑部大狱之内，张怀圣端坐刑案前，两个狱卒将疯傻的吴明果带到案前。张怀圣令两狱卒退下,狱卒支吾不去。张怀圣怒瞪圆目:“你们且退下,我这里有圣旨,岂容你等监管?”两狱卒这才仓皇而退。张怀圣令刘庆严参立于刑房门口,不允许任何人靠近。

刑房之内,独剩张怀圣和吴明果两人。张怀圣说道:“吴公公,不要再装了,我知道你装得很辛苦。如若不然,你怎么会给我带血的布条,不就是指望着我来救你吗?”

吴明果仍然傻笑不止。

张怀圣淡然一笑:“我们已经找到了你在百花楼的‘对食’(明朝时太监狎妓之别称),你有什么要让我转告于她的吗?”

吴明果全身一震,但随即又傻笑起来。

张怀圣又从怀中掏出一张盖着刑部大印的公文说道:“我知道你想活命,故作装疯,此处再无他人。这是释放你的刑部公文,如果你能回答了我的问题,我随时可以放你出去。你可以离开这个是非之地,赎买‘对食’,安度余生。你看,如何?”

吴明果呆滞良久,两行清泪顺延而下。突然猛跪于张怀圣的面前,磕头如捣蒜:“张大人,除了你,是没有人能救我了。我说,我全都说。”

吴明果作为王恭厂监,白天竟然去狎妓,和‘对食’饮酒作乐,对王恭厂疏于监管,所以他难辞其咎。如果仅此一项,魏公说不定还能保住他的命。但坏就坏在,王恭厂里还有秘密。王恭厂自开春以来,不顾工部规定,日夜加工生产火药。但这个火药不是生产给袁将军和军队的,也不是工部要求的。而是魏公单独下令,要日夜加班,储存大量火药制作烟花,等到皇上的凯旋楼竣工之日,要大放焰火,照亮整个京城上空,以昭示大明的富足和红夷大炮的威力,并且此火药库存皆不得做报表上报。到时候,皇上肯定会惊喜不已。所以,至今为止,王恭厂的仓库里至少有近万吨的火药储备。所以爆炸起来才会有这么大的威力。如今,事已至此,吴明果只有装疯,瞒住实情,不泄露此等秘密。这样,魏公或许会饶他一命。

张怀圣听到此处,心中绞痛,也明白了为什么这次的爆炸案会有如此匪夷所思的威力,而王恭厂本来只有三十余工匠,却会出现近百具尸身的原因。但他仍面无表情地问道:“那石脂水乃助燃之物,你也知道他是‘魔鬼的汗珠’,为什么不上报朝廷,分置他处?”

吴明果答道:“张大人,这个我不是不知,也不是没有上报,但工部却回复说,王恭厂防范严密,大明王朝如日中天,谁敢轻犯?你说我一个小小的王恭厂监,又能如何?就连你上次来审我,我也不敢直言,如果你真的能洞察秋毫,必定能猜出我的谜,如果你和朝内庸人一样,肯定是当作一句疯子的疯话罢了。”

张怀圣听完,踱着沉重的步子缓缓离开。

六、国恨难消

还有两日,皇上即将发布“罪己诏”。照磨所内,张怀圣等四人呆坐,各自无言。

刘庆终是忍不住沉闷,向张怀庆问道:“大人,按说此案也算是有始有终,怪只怪乾坤不明。但你说,那人死后,衣服都被脱下,是不是真的是老天借此机会,警醒世人?”

张怀圣淡然说道:“在西方,有气体压力一说。就像猪尿脬吹气可变得很大,但再吹,压力就会过大,致使猪尿脬炸开。大爆炸时,同时也会引起周边气压骤然变得很大,而人们在夏天的衣服都穿得很单薄,所以,霎时的气压会崩坏衣钮,涨破的衣服也会沿着织痕呈条状撕裂,从人的身体上分离出去。从我们带回的那件破衣上,结合大爆炸的威力,应该可见端倪。只是,所有的真相都已被掩,知道了这些细节又有何用?”

气氛再次凝僵。严参忽然起身抱拳说:“多说无益,大人,我想告假休息两日,请准。”张怀圣点头应允。

严参向刘庆使了一个眼色,刘庆也退出了照磨所。两人行至偏僻处,严参突然说道:“胖子,我有一个建议,但不得告诉张大人,你可愿意?”

刘庆茫然,但他历来与严参共同进退,遂毫不犹豫地点头说道:“放心,我刘胖子肯定会和你站在一起的。”

严参说道:“朝廷不让我们捉拿案犯,我们不如自己去捉,以血国耻!”

刘庆哈哈一笑:“果然好建议,假如事发,也和张大人无关。我们这就走。”

背后突然传来一声轻骂:“死胖子,这事为什么不带上我一个?”只见柳燕已立在身后。

三人不再犹豫,直奔大金使团的使馆。

直到天色尽黑,使馆门前仍灯火通明,三人守在驿馆门前的拐角处,死死地盯着使馆的大门。

戌时梆响,只见一个醉醺醺的人影,摇晃着向使馆门前走去,正是萨宾图。三人互相递了个眼色,严参一跃而起,站立在萨宾图的面前:“萨宾图,我乃大明照磨所办案人员,特来缉捕你归案。”

萨宾图一愣神,酒仿佛也立即清醒。前路已断,只有撤身后逃。严参也不猛追,只是一路尾随。只等萨宾图跑到一片荒无人烟之处,严参大叫一声:“动手!”

只见刘庆,柳燕各从一方出现,将萨宾图围困在中央。

萨宾图再无退路,拔出配刀,狞笑着说道:“我乃大金使臣,你们若是敢伤我半根毫毛,你们的皇上会让你们吃不了兜着走!”

刘庆气得“哇”的一声怪叫:“打的就是你这条金狗!”说罢,挥刀就劈。柳燕也一声娇叱,加入战斗。纵是萨宾图身负武功,也绝不是刘庆和柳燕的对手。不一会儿,刀已落地,人已伏地就擒。

刘庆将萨宾图踩在脚下,喝问道:“金狗！爷问你,你为什么要炸我们的王恭厂,你可知罪?”

萨宾图乃满语中神兽之意,可见萨宾图确实不是寻常之辈,不然也不会派他来大明完成这等任务。萨宾图冷笑道:“不错,是我干的,你们又能如何。我大金统帅才是真正的龙主,即便他受了伤,也能想出一条妙计。一报红夷大炮所伤之仇,二乱你明朝附蛆之臣。你看你们大明上下,官员个个贪赃枉法,贪生怕死。这样的国家又有何希望,不如让我主取而代之。”

萨宾图说罢,竟然狂笑起来,完全不是被俘之态。

严参再不说话,猛地举起手中钢刀,手起刀落。萨宾图的笑声戛然而止,脖颈间鲜血飞溅,人头已滚落一边。

刘庆和柳燕惊呆在一旁。严参冷声说道:“人是我杀的,与你二人无关！此人即便抓住也无处可送,只有杀了他,才能解我心中之恨。”

说罢,刀回鞘,人已走远……

翌日,大金使团悄然回国。皇上“罪己诏”诏告天下。坊间仍人心惶惶,无人不叹:大明真的要完了。

照磨所内,张怀圣面无表情地对严参和刘庆说道:“今晨又有一无头案,昨日大金使臣萨宾图,被京城爱国之人,刀劈于荒郊,毫无线索。此案,我张怀圣也无能为力。”说罢,拿出一块破布,走到严参身边,擦去严参刀柄之上一滴不起眼的血迹。

当年七月,努尔哈赤炮伤加重,死于军营之中。而使臣被斩一案,亦无头绪,终因两国关系紧张,相互僵持,未作深究。

世外江湖

李富贵是个铁匠，他的名字并没有给他带来真正的富贵。

骄阳似火的午后，知了都失去了聒噪的力气，李富贵却还守在炙热的炉火前锻打着农具。“双抢”农忙，李富贵也忙，这些农具是人们指着吃饭的家伙。

汗从李富贵的身上像油一样不停地冒出来，他却顾不得擦一擦，一下一下地挥动着铁锤，胳膊上的肌腱不停地伸缩，如同无数条蛹动的小蛇。

单调的锻打声中，突然响起一个声音：“打铁的，给我打把剑。”

客人来得悄无声息，李富贵像是从梦里还没醒过来，茫然地看着面前的人。来人一袭黑衣，身材短小，但是阴鸷的目光里却射出阵阵寒光。

李富贵躲开黑衣人的目光，将刚刚锻打成形的镰刀放入脚边的水盘，“滋”的一声冒起一阵白烟，火红的镰刀瞬间变成黑铁。借着仍未消散的烟雾，李富贵对黑衣人说：“你找错人了，我不会打剑。”

话音刚落，李富贵就感到仍在耸动的喉结处一阵冰凉，一柄长剑直抵喉间。接着，黑衣人的话语更加冰冷：“如果不答应，你从此以后可能真的再也不会打剑了。”

李富贵头上的汗珠兀自不停地滚落,黑衣人又说道:“明日午后,我来取剑,就照这柄剑的样子打。”说罢,丢下长剑,扬长而去。

第二天午后,还是和往常一样燥热。

李富贵在火炉前挥汗如雨,不难看出,他正在锻打一柄长剑。

这时,一个老农模样的人走了进来,大着嗓门问道:“李富贵,我要的锄头打好了没有?”

李富贵回过身说道:“张槐老爹,实在对不住,临时有点事,锄头你明天来拿吧。”

不料,张槐老爹却是个火暴脾气,一听这话就大声吵吵起来:“李富贵,你太不像话了,我少给你银子了?说好了今天,怎么又改日子了?哟,你还打剑,看你平时老实本分的模样,还不务正业了?打剑的人给你的钱多怎么了?今天,你要是不把锄头给我,我和你没完。”

李富贵不再言语,低着头一锤接着一锤地打长剑。张槐一见这情形,更来气,顺手抄起那柄做样品的剑说道:“我让你打剑不打锄头,我把它扔了去。”

就在张槐拿起剑作势要扔的时候,黑衣人不知何时已站在他的身后冷冷地说:“放下我的剑。”

张槐吓得一个机灵,转过头,看见了那黑衣人。但张槐见他身材瘦小,就又有些倚老卖老地狠着声道:“你算老几?我不放又怎么样,剑是你的就了不起啊?”

黑衣人一声冷笑,身形略动,张槐手中的剑就不见了。再一看,剑已经到了黑衣人的手上,剑尖正指向了张槐:“滚!”

李富贵将剑身粹过火,一柄长剑就算完工了。

黑衣人看了看剑之后,猛地将剑又扔回了火炉:“重打!”

李富贵忙不迭地从火炉里抽出长剑,赔着小心地问道:“有什么不对吗？”

黑衣人道：“你眼瞎了，这柄剑偏锋了。”

李富贵突然就笑了起来：“朋友，眼瞎的人不是我，是你！这本就是一把偏锋的剑，它根本不是为你打的，而是为我自己。”

黑衣人一惊：“‘剑走偏锋，恶极穷凶’？你就是十年前杀人无数的‘偏锋剑客’？”

李富贵轻叹了一声：“江湖是非，如影随形，即便我隐居十年之久，你们这些江湖人还要找上门来，我也没有办法。说，你到底是谁？来这儿有何用意？”

黑衣人也不答话，转身拿起样品长剑，逼仄的空间内连挽七个剑花。剑气犹在，黑衣人却已退至门外的空地，叫道：“别管我是谁，既然你以江湖身份相见，我们只能用江湖规矩来解决了！”

李富贵提起偏锋剑，赶出门外，哈哈一笑：“想不到十年后，我还能得遇名动一时的‘七莲剑’，李某人即便今日死在你的剑下，也不枉曾是个江湖人。”

谁也不曾料到在这穷乡僻壤之处，会恰逢江湖两大高手之间的争斗。

一时间，剑气纵横，风沙弥漫。两个人的身影由急变缓，又由缓变急。你来我往，已不下千招。

空地上，到处都是被凌厉的剑气所伤的绿叶，随风乱舞。

日已西斜，一场恶斗仍在继续。体力所限，两柄剑终于慢了下来，从外人看来，只不过像两个儿童在比划着树枝。但是，如果是学武之人，肯定会明白，这才是真正的见招拆招。

如果剑走的疾，很可能还会有某个空当，但这样的空当会迅速被下一招的攻势掩盖，如果不是剑法悬殊太大，不会有大碍的。现在，两个同样的高手，剑走得愈慢，一招一式中愈不允许有半点的疏忽和漏洞，因为这样的疏忽和漏洞是致命的。

谁都不想死。可是,死亡却如同即将来临的黑暗,将同时覆盖两人。

黑衣人的剑忽然间失去了重心,直刺出去,而他的身形也随之向前冲去。李富贵侧身闪过,偏锋剑虚晃着刺向黑衣人即将到来的走位。如果计算没有失误的话,这一剑,会准确地刺进黑衣人的肋下。

黑衣人不愧曾是名动一时的七莲剑,虽止不住身体的惯性,但是凭借手腕的力量,剑尖忽然挽出一朵硕大的莲花,剑尖在急奔的走势中改变了方向,斜斜地斩向了李富贵。

这一招,注定了两败俱伤,李富贵和黑衣人都已无法变招。两人同时闭上了双眼,等待尘埃落定,阎王催命。

电光火石之间,两道绿色的流星急行,直奔江湖两大高手。两柄剑,同时跌落。每柄剑身之上,都有一片绿色的树叶。

黑衣人和李富贵同时睁开双眼,看着摔向一边的剑,煞白的脸上同时出现了惊诧的神色。

黑衣人环顾四下,可是除了刚才被自己喝骂的张槐老头,再无旁人。

张槐晃晃悠悠地起身,伸了个懒腰调侃道:“哎呀,真是过瘾,两大高手的巅峰对决着实没有让人失望啊!要不然,老头子我早回家干活去了。耽误了一下午的农活,看了一场好戏,救了两条性命,值!”

黑衣人终于明白,两片树叶真是张槐的杰作。黑衣人不禁面有愧色向张槐抱拳施礼道:“老人家,多谢出手相救。”

李富贵却突然仰天长笑:“‘摘叶飞花’,今天是什么日子?连二十年前的江湖前辈也现身此地。看来,江湖真的是无处不在啊!”

张槐摆了摆手说:“人心即江湖,老汉我既已隐居就不要再提往事了。”

李富贵点头称是,但仍有一事不明,他看向了黑衣人问道:“‘七莲剑’,你此次寻事,究竟意欲何为?”

黑衣人的目光不再阴鸷,有些迷茫,有些遥远。

张槐却哈哈大笑道:“哪有什么‘七莲剑’,他不过就是邻村东头的王铁匠罢了。王铁匠,你这样砸别人的招牌有失厚道哦!”

黑衣人面露羞愧之色:“我也不曾想会遇上‘偏锋剑’,只不过以为他是个普通铁匠,让他知难而退。铁匠铺的生意实在太差啊,养不活人了。就算隐居也要有口饭吃啊!”

张槐轻叹一声:“你既然受不得清苦,又何苦隐居?”

黑衣人喏喏地答道:“老人家教诲的是,江湖纷争让人厌烦,可是清贫寂寞则更需要忍耐。王铁匠谨记,告辞!”

李富贵报拳相送的同时也说道:“李富贵惭愧,我也应该忍耐,王兄慢走。”

王铁匠走后,张槐提起偏锋剑,看了看李富贵,李富贵点了点头。张槐走入铁匠铺,将剑送入仍在燃烧的炉火,对李富贵说:“来吧,我等着它变成我的锄头呢!”

逆袭计划

一

芬妮是个出色的女军人，最近她被批准加入了A国的间谍组织。这天，组织头目德隆郑重地对她说，有一起重要的案件需要她去秘密侦查，这次行动的代号名为“逆袭计划”。

说起这件案件的起因并不复杂，A国的邻国是B国，两个国家是早已断交的死对头。可B国有一个叫吉诺的人，偷偷从M国办理了旅游手续，辗转来到了A国。这个吉诺到了A国后，不跟着旅行团观光，而是独自四处乱窜，有一次他竟然偷偷闯入了一个军事禁地。好在两个士兵很快就发现了他，以间谍罪将他强行关入了大牢，在大牢里，吉诺的脚筋被挑断。其间，由于吉诺是从M国办的入境手续，M国出面干涉后，A国在没有确凿的证据下，只能释放了吉诺。

芬妮听完后有些迷惑，这样一个普通的案子也没什么可查的呀！德隆摆了摆手，继续道出了其中的关键之处。

吉诺回国后，他的腿因为耽误了治疗成了残疾。于是他向M国提出了赔偿要求。这件事,通过媒体,已经全球皆知,M国为了国际声誉,答应了督促A国尽快赔偿。但A国的高层却坚决不同意赔偿要求,认为这有辱国威。M国本以为可以大事化小,小事化了,可A国的不合作,让M国骑虎难下。

重要的是,M国是个超级大国,比较富有,近期正在考虑要在A国和B国两个国家中选出一个,投入一笔巨额资金。这些钱,足以改变一个小国的国力。所以,A国高层给德隆下达任务,务必找出吉诺是间谍的证据,才能扭转乾坤。

芬妮这时不由得拧起了眉头,思索了片刻后问道:“那如果吉诺真的不是间谍怎么办?”德隆霍地起身,威严地问道:“你是在怀疑高层作出的判断吗?”说罢,不再管芬妮的疑惑,掏出一张机票说:“这是你去M国的机票,到那里后,会有人安排你去B国,只有半个月的时间了,半个月后,M国就会决定投资去向。事关重要,你这就出发。”

接着,德隆又拿出一只手表,指着左侧的拨柄说:“如果真的遇到什么困难,可以拔出这个拨柄,到时候,自然会有一直隐藏在B国的上家收到消息,赶来配合你。记住,不到万不得已,千万不要用,以免暴露了他的身份。”

芬妮接过手表,郑重地点了点头。

二

芬妮辗转来到B国,根据资料,很快就找到了吉诺的住址。芬妮趁着吉诺出门后,偷偷进了他的屋里装上窃听器。这个吉诺,每天都会一拐一拐地出门,去酒吧里花天酒地,花起钱来无所顾忌,好像是个富翁一样。

跟踪了几天之后,芬妮发现了一个疑点,这个吉诺,根本没有工作,从窃听的电话中,也没发现他在做什么生意。吉诺没有家人,没有朋友,他的电话也只是和酒吧里那些女孩子联系,那么他的钱是从哪儿来的?

芬妮又偷偷地进了吉诺的屋子,幸运的是,虽然吉诺的银行卡都带走了,但他的身份证就放在桌子的抽屉里,芬妮用最快的速度复制了一张肉眼无法分辨的假身份证,换走了那张真身份证。然后她决定先去银行,查一查吉诺的账户,看看他的钱是从哪儿来的。

在银行的窗口前,芬妮递上了吉诺的证件,说想查一下账户里还有多少钱。银行的职员是个年轻的小伙子,有些为难地说道:“小姐,证件是没有问题,但能不能请你让他本人亲自来一趟?”

芬妮的眼泪一下子就出来了:“我老公如果能自己来,我怎么还会跑这一趟呢。”说罢,芬妮拿出一张假死亡证明,哽噎着说:“我只想知道他银行账户里还有多少钱,打算一下我和孩子将来的生活,今天,我并不准备将钱取走,请你帮个忙吧!”

银行的小伙子仿佛明白了什么,叹了口气,点了点头。不一会儿,小伙子对芬妮说:“对不起,这位先生在银行只有一个账户,而且里面已经没有钱了。”

芬妮吃惊地说:“怎么可能,你确定没有查错?”小伙儿肯定地点了点头。芬妮还想再说什么,这时,门外走进来两个警察。芬妮在心里暗想不好,她可能已经引起怀疑了,看来这个吉诺果然是个危险人物,他的银行账号说不定就是一个陷阱。

芬妮迅速起身,准备离开,可两个警察已经进了门。芬妮的脑子飞快地运转,虽然除了自己刚才和银行职员撒的谎外,并没有什么明显的漏洞,但还是少惹警察为妙。

正在这时,银行门口突然响起了一个女人的尖叫:“抢劫了!”两个警察迅速回身赶到门外,远远地只见一个红衣女子正手足无措地站在自动取款机边,指着前方的街角说:“快,有人抢了我的钱!”一个警察立即向街角赶去,剩下一个警察一边呼叫救援,一边询问着那红衣女子。

芬妮趁机赶紧逃离了银行,将身份证还回吉诺的住所,真是虚惊一场。转眼十天过去了,芬妮还是一无所获,德隆已经催过好几次了,这样下去可不是个办法,芬妮决定开始正面出击。

傍晚,芬妮化好了妆,对着镜子里的自己妩媚地一笑,确定就像一个风尘女子一样,然后来到吉诺经常喝酒的“艳遇酒吧”,要了一杯酒,点燃了一支烟,等待着吉诺的出现。

华灯初上,吉诺一拐一拐地出现了,他的怀里依偎着一个妖艳的白衣女子。两个人在酒吧一角打情骂俏,根本注意不到芬妮的存在。

芬妮犹豫了片刻,叫来一个服务员,在他的耳边耳语了几句,然后将一张钞票放入了服务员的手中。不一会儿,只见服务员一不小心将一杯红酒泼洒在女子的身上。女子一声惊叫,服务员不停地道着歉,女子无奈,只好起身去了卫生间整理。

就在这时,芬妮扭动着性感的腰肢出现在了吉诺的身边,嗲声嗲气地说:“先生,我已经几天都没有生意了,能给个机会吗?我一定会让你加倍满意的。”吉诺一见妖冶的芬妮,两眼放出贼光,瞄了一眼卫生间说道:“好啊,那我们换个地方再喝吧。”说罢,毫不迟疑地起身带着芬妮离开了那间酒吧,将白衣女子丢在卫生间里。

在另外一间酒吧,吉诺喝得烂醉如泥,芬妮扶着吉诺去了酒店。在酒店的房间里,芬妮开始不停地恭维起吉诺是个事业成功的有钱人士。吉诺醉眼惺忪地一把抱过芬妮说:“美人,我不是什么成功人士,但我有钱,你可别看我是个跛子,可你知道我的这条跛腿值多少钱吗?”

芬妮心中一喜,知道醉酒的吉诺已经说到正题了,于是趁热打铁娇媚地说:“我就爱听你们男人讲故事,特别是聪明的男人。”

吉诺一听芬妮的奉承,更是得意忘形,说起了一个不为人知的故事。

半年前,吉诺还只是个一文不名的穷光蛋,但他根本不甘于贫穷,于是他想到了一个绝妙的办法。他知道A国和B国向来不和,于是他通过M国办理了去B国旅游的手续,故意闯入A国的禁地,被关押了起来,虽然受了不少苦,但他知道M国不会坐视不理,肯定没有生命之忧。然后他又在A国的大牢里,用自制的刀片故意割断了自己的脚筋,就成了现在这个模样。

芬妮装作吃惊的样子问道:"难道你不怕疼吗?"

吉诺哈哈地狂笑起来:"如果一条腿可以换来这一辈子的花天酒地,我为什么不试试?我在去旅游前,已经买了一份高额的保险。这样一来,我不但可以拿到保险的钱,还可以趁机向M国讨要赔偿。这叫什么,这叫'双重保险'。明白了吗?"

芬妮终于明白了是怎么一回事,她在心里一阵冷笑。她现在已经确定这个吉诺虽然并不是一个真正的间谍,但他所说的这个真相,也足以挽回A国的声誉。芬妮按了按胸口的微型录音机,又想起什么似的说道:"你故事编得可真好,我可不相信世上还有这样聪明胆大的人。"

吉诺瞪着血红的眼睛说道:"什么?你认为这只是个故事?"说罢,伸手就从皮夹里掏出一张保险赔偿单说道:"你看看,这就是证据!别以为我傻,会把钱放在自己的账户里等着人来怀疑,钱一拿到手,我就把它们转移到了一个安全的账户里。等到M国的钱再赔偿下来,那时的我才是真正的富翁呢!"

芬妮看了一眼保险赔偿单,装作相信的样子说:"真了不起,我的大英雄,你快去洗个澡吧,我可等不及要为我的英雄服务了。"说罢,她娇羞地帮着吉诺脱去外套,将他推进了浴室。

浴室的水声"哗哗"地响起,芬妮迅速从吉诺的皮夹里找出那张保险赔偿单,装入手包。现在所有的证据都已搜集齐全,已经到了撤退的时候了。

三

芬妮悄悄地向门外走去,可是门却从外面自动打开了。门口站着的正是刚才和吉诺打情骂俏的那个白衣女子。芬妮很快镇定下来,无辜地耸了耸肩,指了指浴室说:“你来得正好,我把这个男人还给你。我还有点事,先走了。”

白衣女子冷哼了一声,黑洞洞的枪口已经对准了芬妮,白衣女子反手关上了门说:“你还能走得了吗?”

芬妮一听白衣女子说话,知道坏了。凭着一个间谍的本能,她听出这个声音是当初在银行门口尖叫的那个女人。这么说,一切都不是偶然,而是一个圈套!

白衣女子将芬妮的双手反铐在窗户的铁条上,从芬妮的身上搜出了保险单和微型录音机。芬妮现在已经知道,这个女人是B国的间谍。这时吉诺正裹着浴巾从浴室里出来,一看这情形,吓了一跳,但随即嬉皮笑脸地说:“亲爱的茱莉,这只是一场误会,不必动这么大的肝火,要不然我付双倍的价钱,大家在一起玩玩,如何?”

这个叫茱莉的女人厌恶地啐了吉诺一口:“闭嘴,给我滚到一边去,是时候也让你知道真相了,要不然你还真的以为你能瞒天过海。”

吉诺还想再说什么,但看着茱莉的枪口,酒早已惊醒,只好瑟在一边,不敢作声。

茱莉冷笑着说:“吉诺的把戏,我们B国早就知道了,但我们就是要将计就计,让他表演下去,而且还偷偷帮他搞定了保险公司,以免闹出动静,引起你们A国的注意。谁知道你们还是不肯善罢甘休,派出间谍来调查真相,企图挽救你们和M国之间的矛盾。可是,你认为我们会让你得逞吗?”

芬妮终于恍然大悟，原来这一切都B国计划好的，难怪吉诺可以轻而易举地拿到保险金，而且平安转移。B国早就严密监控着来查吉诺账户的人，一旦有人来查，就会锁定目标。但芬妮还是不解："可那天在银行门口，你为什么要帮我？"

"帮你？那是在还没有证据确定你是真正的间谍之前，我用的缓兵之计。再说如果当时就逮捕你，你们A国肯定还会派人过来。我现在抓住了你，不但证据确凿，而且你们已经没有时间了。到时候，M国一定恨透了你们，还会给你们国家投资吗？"说到这里，茱莉得意地掏出了手机，看样子是准备请求援助，叫人来带走芬妮。

一边的吉诺突然瑟缩地站起身来问道："亲爱的，哦，不，茱莉小姐，那么我还能要求赔偿吗？"

茱莉不耐烦的皱了皱眉，嫌弃地说道："你个混蛋，让你占了这么多便宜，你还卖乖。你就好好地当你的跛腿富翁吧！"

吉诺吓得闭上了嘴。芬妮内心一阵懊恼，想不到自己出师的第一个任务就失败了，这次真的是无力回天了。突然，芬妮被反铐的手摸到了手腕上的手表，她想起德隆的话。看来，也只有用这最后一招求救了。芬妮咬着牙，踮起脚尖，摸到手表一侧的拨柄，一用力，将拨柄拔出了手表……

四

茱莉已经完全放松了警惕，她打开了手机，开始拨号了。就在这时，吉诺从一侧一跃而起，猛地一个擒拿手，将茱莉狠狠地摔在地板之上。茱莉毫无防备，手枪也随后被吉诺抢了过去。吉诺取过一个枕头，将枪顶在茱莉的头上，没有片刻犹豫，扣动了扳机。一声闷响，茱莉还没弄清是怎么回事，已经停止了呼吸。

芬妮被惊呆了。吉诺取出手铐的钥匙,放开了芬妮,面色凝重地说:"快带着证据尽快离开这儿,再迟只怕又生事端。"说完吉诺伸手把腕上的手表给芬妮看了看。手表的镜面上赫然显现了A国的标志和一个"SOS"的图案。

吉诺就是芬妮的上家!芬妮这才如梦初醒。所谓的"逆袭计划"并不是那起案件引发的,而是从一开始就是A国高层导演的总体计划。吉诺真的是一个间谍,只不过是一个隐藏在B国的逆袭间谍。所有发生的一切,都是两国之间的间谍博弈。如果逆袭计划成功,A国才会真正得到M国的信任,然后取得那一直让他们垂涎的巨额投资。这一切,可谓煞费苦心。

芬妮问吉诺:"你为什么要等到现在才出手救我?刚才你有的是机会。"吉诺面无表情地说:"你以为我什么人都会相信吗?你若不拔出拨柄,在没有确认你的身份之前,我是不会贸然行事的。你肯定还是个新人,所以高层才会把这些表面上的事情让你来做,其实很多事情并不像你想的那么简单。"

吉诺擦去手枪上的指纹,让芬妮握上指纹,再放在茱莉的尸身旁。接着,吉诺又让芬妮将自己反铐在窗户上,说道:"假现场已经布置好了,B国现在还不知道我的真实身份,我是备受关注的人物,他们暂时还不会拿我怎么样。你只要能够平安回去,逆袭计划即可成功。到时候,我们会再见的。"说完后,很快就恢复了之前的可怜嘴脸。

芬妮无言地点了点头,带着"逆袭"的所有证据,离开了宾馆,消失在茫茫的夜色之中……

蚩尤之死

一

几千年以前，在黄河岸边一个破旧的小村落里，有一户农家，户主叫莫槐。莫槐的老婆死的早，他独自带着一个孩子，名叫蚩尤。蚩尤这孩子长得特别壮实，也特别能吃，而且从来不知道饱。一年的秋天，莫槐正在田里劳作，回头却发现，蚩尤正津津有味地吃着田里等待收割的稻谷。莫槐吓得赶紧拉开了蚩尤，告诉他稻谷不可以生吃。蚩尤却只是茫然地看着莫槐，一个劲地叭唧着嘴。

这样下去可不是办法，莫槐想，应该再找个婆娘，帮着看管一下孩子。不久后莫槐就又娶了一个叫缙云的女人。

缙云成了蚩尤的继母之后，发现蚩尤原来是个超级大胃王，不由得忧愁起来，照这样下去，别说种田，就是金山银山也会被他吃空。于是缙云抽闲就带着蚩尤去见了一位巫医，让他帮忙看看。

巫医燃起一堆火，取出一个龟壳放在火上，徒手将龟壳放在火中炙烤，缙云看得胆战心惊，可巫医却像没事人一样，脸上还露出一丝神秘莫测的微笑。时间一点一滴地过去，沙漏里的沙子慢慢流尽，可火中的龟壳却依然纹丝不动。巫医的眉头慢慢锁上，神情开始变得凝重起来。一卦不成，再来一卦。巫医用锋利的骨刺从蚩尤的指尖取出一滴鲜血，滴在了龟壳上，再次放在火中，不一会儿，火堆像烧了油一样，开始猛烈地燃烧，而且蹿上来一人多高的七彩火焰。巫医惨叫一声，扔掉了龟壳，一双手已被七彩火焰烧的十分严重。而龟壳落入火中之后，七彩火焰随即熄灭。

巫医哆嗦着双手捡起龟壳，龟壳上依然没有裂纹，只有蚩尤的血滴处，有一个圆形的洞眼。巫医怔怔地看着那个洞眼，深深地叹了一口气，又摇了摇头。巫医趁蚩尤不注意的时候，口气凝重地偷偷告诉缙云，这是他前所未遇的千年凶兆，如不及早铲除这个孩子，将会给他们全家都带来杀身之祸。

缙云早已被这一切景象吓得魂不附体，赶紧带着蚩尤回到了家中，谋算着如何才能除了蚩尤，绝了祸患。而且这事，绝不能让莫槐知道，她知道莫槐是不会同意她这么做的。于是缙云表面上对蚩尤越发的好了，茫然不知内情的蚩尤越来越依赖起缙云来，把他当作亲生母亲一样的依赖，紧紧跟随着缙云。

有一次，缙云将蚩尤骗到了柴火垛里，点起了大火，可火势还没有蔓延起来，一场大雨就让那场火熄灭了。缙云决定用水，她趁蚩尤不注意，让他失足掉进了河里，可不知为什么，幽深的河水却突然翻滚着自动劈开一条道路，蚩尤毫发无损地上了岸。最后，缙云没有办法，她找到了世上最毒的断肠草，熬成汤汁，给蚩尤喝了下去。蚩尤喝完之后，缙云期待的场景并没有出现。蚩尤还特别感激地问："这么好喝的汤还有没有了？"

这下缙云可傻眼了，但她更加相信了这个孩子真的是不祥的化身，必须趁早除去。

终于有一天，缙云听说了泰山脚下，有一位特别厉害的叫至灵的巫医，能降魔除妖。于是缙云带着蚩尤的一滴血，找到了那个巫医。那个巫医一番占卜之后，告诉缙云。这个孩子乃妖魔转世，有金刚不坏之体，要想杀这个孩子，只有坏了他的胃，方能如愿。而要想坏了他的胃，在黄河南岸有一处叫位山的地方，特产一种叫砺焰的毒土，可穿肠焚肚，给他喂服七七四十九天的量之后，才能达到目的。

二

这时的蚩尤虽然只有十二岁，但已经力大无穷，而且食量大得怕人，缙云每天端给蚩尤的饭，至少掺了一半的砺焰土。蚩尤从来没有一点怀疑。就这样，很快过去了四十八天。缙云心里非常高兴，眼看她就要大功告成了。

这天，蚩尤跟随着继母又去位山。缙云去取砺焰土，让蚩尤一个人在一片大森林边玩耍。这时，蚩尤突然听到不远处有打斗的声音。蚩尤好奇地跑过去一看，只见两个少年正和一只恶兽在恶战。那只恶兽已经发了疯，口内不停地喷着水柱，攻向一个人，眼里又喷着大火，烧向另一个人。两个少年已经狼狈不堪，只有招架之功，再无还手之力。

蚩尤见此情形，大叫一声，加入了战斗。那恶兽眼见又加入了一个人，不由得凶性更发，低着头，挺着犄角就转向蚩尤奔来。蚩尤毫无惧色，直奔到恶兽的跟前，两手抓住了犄角，拼死抵住了恶兽。那恶兽也不傻，它没料到一个孩子会有这么大的神力，不由得一声怪叫，却猛地往后一退。蚩尤用力过猛，失去重心，跌倒在恶兽的脚下，恶兽的双蹄死死地压住了蚩尤，口眼里的水火一齐喷向了蚩尤。眼看，蚩尤就要死于恶兽的进攻之下。被救的两个少年一见情势转变，赶紧放箭挥刀。可恶兽却根本没有回头，一心对付着脚下的蚩尤。两少年一看，坏了，那个孩子完了。

谁也没有想到，恶兽突然一声大嚎，口眼之中的水火渐消，慢慢地倒在了地上，只见蚩尤正紧紧地咬着恶兽的脖子，在贪婪地吸着兽血。终于，恶兽不再挣扎，死了。

蚩尤救下的这两个少年是兄弟俩，一个叫轩辕，一个叫石年。他们都是部落的首领，也就是后来的黄帝和炎帝。而蚩尤杀死的这只恶兽叫做饕餮，作恶多端，到处吃人和牲口，而且不知道饱，所以轩辕和石年决定共同来杀死这只恶兽，却不曾想不是它的对手，若不是蚩尤出手相救，后果不堪设想。

蚩尤请轩辕两兄弟一同喝恶兽的鲜血，说是味道非常鲜美。两兄弟称谢拒绝了。为了感谢蚩尤，轩辕问明了蚩尤的住址，说明日一定上门致谢。蚩尤并没有放在心上，挥手和他们告别了。

喝完恶兽的血，跟着缙云回来之后，蚩尤感觉到了昏昏欲睡，倒在了床上，死一般地睡了过去。这可吓坏了莫槐，他不知道儿子生了什么病。缙云知道，是砺焰土起了效果了，还有明天一天，就可以结束这个魔小子了。这时候她告诉莫槐，蚩尤得了一种病，她一直在为蚩尤寻医问药，好不容易才寻到了砺焰土的秘方。明天，只要两个人配合着，将这些砺焰土喂服下去，就可以将他的病治好。

莫槐哪里知道其中的玄机，点头称好。缙云心里挺高兴，明天等蚩尤死后，她顺势推脱说蚩尤是病死的，看上去就更完美了。

第二天，轩辕来找蚩尤。轩辕回去后，辗转寻思，蚩尤是个难得的人才，来道谢的同时，也想请他来部落，帮着统一天下，一定能建奇功。

轩辕来到窗下，正听见缙云和莫槐正在商量着怎么帮蚩尤喂服砺焰土。轩辕不由得在心中大惊，作为一个部落首领，他非常清楚这个砺焰土的厉害，那可是穿肠焚肚的毒土！

这时的莫槐已经撬开了蚩尤的嘴巴，缙云正准备将毒土喂下去。说时迟，那时快，轩辕二话没说，一脚踹开了门，挥剑将缙云刺死。缙云临死指着蚩尤还嘟囔了一句，真是杀身之祸！

莫槐丢下蚩尤，冲上去就和轩辕厮打起来，可莫槐哪里是轩辕的对手，不一会儿，轩辕就一剑刺入了莫槐的腹中，莫槐紧紧地握住轩辕的剑，死死不肯放手。

正在此时，蚩尤听见响动，艰难地睁开双眼，只模糊地看见父亲和一个人在打斗，他挣扎着起身，用尽全身的力气，向那人扑了过去。轩辕转身跳到门外，剑还没拔出来，他刚想和蚩尤解释，却听到蚩尤在屋内一声震天般的怒吼。整个木屋在蚩尤的吼声中，摇摇欲坠。轩辕知道坏了，蚩尤发怒了，看来一时也解释不清了，只有留待日后再说。一念至此，急急地离开了。

蚩尤其实还没有清醒，很快又昏倒过去。也不知道睡了多长时间，他渐渐清醒过来，开始感觉到身上的肌肉特别胀痛，皮肤就像是一件穿小了的衣服，不停地破裂，又重新长出新皮，而在他的头顶，也慢慢地生出了两个角。

其实这一切，都是饮饕餮血的结果。饕餮虽是恶兽，它的血却有神奇的功效。

醒来后的蚩尤，已经身长八丈，头生两角。他看着已经被杀死的父母，欲哭无泪。他拿着轩辕丢下的那柄剑，看到了轩辕的名字，咬牙切齿地说："不报此仇，天诛地灭！"

三

蚩尤踉踉跄跄地离开了家乡，四处寻找轩辕的踪迹。可他渐渐明白，要想和轩辕这样的部落首领寻仇，是多么不容易的一件事。虽然自己天生神力，也有勇气杀入轩辕的军中，可这样依然没有半分把握。要想复仇，就必须组建一支可以和轩辕抗衡的军队。

蚩尤一路向西，渴了就喝河流之水，饿了就吃大地之砂石，经过砺焰土的磨砺，蚩尤已经食砂石如美饴。一路上，他结交了九九八十一位兄弟，杀死了一百零八只糟蹋人民的猛兽。终于有一天，因为勇猛和慷慨，蚩尤被人们推举为九黎部落的首领。

这时的蚩尤，早已不再是当年的孩子，他成了一位体恤民情的首领。他的力量足以和轩辕、石年抗衡。而且，人人都知道了，蚩尤有金刚不坏的躯体。

这些年，轩辕和石年已经征服了许多部落，只要再征服了九黎，就能统一华夏。蚩尤知道，轩辕和石年统治下的人民，都过上了安居乐业的日子。如果不是身负父母之仇，蚩尤也许会遵从他们的统一。可一想到疼爱的父母被杀，蚩尤就咬紧了牙关。

轩辕和蚩尤的战争终于开始了。他们来来回回战斗了无数次，因为蚩尤英勇善战，身先士卒，所以，轩辕总是败多胜少。可是，连年的战乱，蚩尤虽然胜利了，却看见太多的百姓受到了战争的困苦，也于心不忍。

这一天，蚩尤正在营中休息，屋外突然有人来报，石年捆着一个人来求见。这些年来，蚩尤早已视石年也为仇人，所以怒目圆睁，想看看石年到底哪里来的胆子，想来说什么。蚩尤决定，如果石年说错，先杀他为快。

石年毫无惧色地进了蚩尤的大营，帮轩辕解释这一场多年前的误会。蚩尤将信将疑地看着石年问："你有什么凭证？"石年手指带来的被缚之人说："我费尽千辛万苦找到这名叫至灵的巫医，他就是当年为你继母出谋划策的人，你不信问他。你的父亲，肯定也是被你的继母蒙骗，被误伤而死。"

至灵巫医此时早已战战兢兢，蚩尤一一问过之后，挥剑斩杀了巫医，仰天长啸："我不信！我不信缙云母亲会害我。"说罢，眼中已经饱含了热泪。

石年一声长叹："既然你不信，就连我也杀了，为你的父母报仇吧。"

蚩尤沉吟了半晌，摇了摇头说："我有金刚不坏之体，我这就回位山，找到砺焰土，吃完第四十九天的量。如果我死了，就证明至灵说的是对的，我的部落将从此归顺，完成华夏一统。如果我没死，那就是你们在诬蔑我的母亲，我誓将和你们血战到底。”

说罢，蚩尤不顾众人反对，回到了位山，寻到了砺焰土，毫不犹豫地吞食了下去，然后大踏步向那个他出生的小村庄走去。

蚩尤的脚步刚踏上小村的故土，天地一声惊雷，蚩尤庞然的身躯轰然倒地，而他的脸上，挂着一抹凄苦的微笑。随行而来的石年，不禁泪如雨下。

蚩尤死后，炎黄二帝统一了华夏，铲尽了位山的砺焰毒土，并将蚩尤的坟厚葬在他的故乡，封为“战神”。几千年来，战神蚩尤和位山遥相呼应，仿佛在恋恋不舍地回望，当年那个勇杀饕餮的英雄少年。

七 斤 泪

从前有个叫华二的神仙，因为犯了错，王母罚他到人间做九九八十一件好事，验收合格后，才可以重新回到神仙的位置。

临别之际，华二的妻子泪眼婆娑地来给他送别，华二却头也不回地绝尘而去。到了人间，华二马不停蹄地做起了好事来，很快就做了合格的八十件好事，还有最后一件，他就能重返天庭了。

这天，华二路过一个村庄，忽然听到传来阵阵嚎哭。这时正巧有个村民路过，华二于是上前想问个究竟。

那村民看了看华二说："你就别管这些闲事了，那个李屠户可不好惹。"

华二不解地问道："李屠户是什么人？难道是个十恶不赦之徒？"

村民笑了起来："那倒不是，反正也没什么事，我就和你唠唠吧。"

李屠户名叫李勇，不但长得膀大腰圆，而且脾气也非常暴躁，村里的人都敬而远之，以至于到了三十岁还没娶亲，因为附近根本没人敢把闺女嫁给他。可不久之后，李勇也不知花了多少钱，从外地娶回一个貌美如花的女子，名叫桂兰，桂兰看上去很柔弱。大家都有些担心，这个李勇，要是一犯浑，一巴掌不把这小女子打个稀巴烂？

华二点头。可刚才听到的明明不是女人的哭声,而是个男人的声音啊。

村民哈哈一笑:“你先别急,等我把事情说完嘛。”

桂兰嫁给了李勇后,村里人就都为桂兰捏着一把冷汗。可没过多久,发生的事实却让人们大跌眼镜,这个桂兰竟然也是个狠角色。自从她进入李家后,把李勇治理的服服帖帖不说,还特别霸道,稍不如意就会把李勇打得鬼哭狼嚎。

一次两次,大家觉得好笑,可是总是这样,村里就有人看不过眼,去劝桂兰,让她平时待李勇好点。桂兰听后,也不生气,只是笑了笑转身就走。可是随后,李勇就会凶神恶煞般地来找刚才劝说的人,要干架。为什么?因为李勇特别好面子,这么一劝,就等于知道了他被老婆打的事,跌了面子。甚至有人说,李勇来找事,都是桂兰唆使的。久而久之,大家也就不管了。劝他两口子的架,就等于惹事上身,人们再听见李勇的哭声,不过是当个笑话。

华二一听,觉得又好气,又好笑,于是转身推门进了李勇的家,只见李勇正跪在搓衣板上哭。李勇听见门响,回头看见一个陌生人,赶紧止住哭声爬起来,瞪着眼问华二是干什么的?华二知道不能明说,也哭丧着脸说:“我是一个来投亲的外乡人,亲戚没找着,身上盘缠早已花完,想上门借点银两回家。”

李勇眨巴眨巴眼睛,快速从衣兜里拿出一串铜钱,塞在华二的手里。正在这时,村口远远地有一洗衣的女子向这边走来,只见李勇吓得脸都变了色,赶紧将华二推出了门,转头又主动跪在了搓衣板上。

华二心中暗笑,洗衣女子肯定就是桂兰,这个李勇看似鲁莽,其实心肠还不错。看来问题还是出在桂兰身上。华二决定帮李屠户一把,应该也能算是一件好事了。

第二天一早,桂兰像往常一样来到了大河边洗衣,正当她用力举起槌棒的时候,脚下的石头却一松,桂兰连人带衣就掉到了河底。桂兰在河里扑腾开来,水很快就漫过了头顶,眼看就有生命危险。

华二跳下水去,将桂兰救了上来。惊魂未定的桂兰给华二跪下,感谢救命之恩。华二将桂兰搀扶起来,笑呵呵地说道:“感谢就不用了。知道你为什么会掉到河里,又正好遇见了我吗?”

桂兰懵懂地摇了摇头说:“还请恩人明示。”

华二告诉桂兰,他其实是天上的神仙,因为知道桂兰平时虐待丈夫,所以借机惩罚她一下,希望她回去以后,能从此善待丈夫,做对恩爱夫妻。桂兰听罢,连连点头。

华二转身又赶往市集,找到了李勇。李勇的猪肉已卖完,正收拾好钱袋,准备回家。华二上前拍了拍李勇的肩膀。李勇一见:“咦,你不是回去了吗?怎么还在这里?是不是昨天给的钱不够?”说罢,又从钱袋里拿出两吊钱,作势要扔给华二:“下次你要是再来向我讨钱,小心我揍你!”

华二忙说:“大兄弟,说来也巧,昨天我又找到亲戚家了,今天特地是来还钱的。来来来,你这个人值得一交,我请你去喝口酒。”说罢,将昨天的一串钱还给了李勇,也不容拒绝,就将他拉进一个小酒馆。

李勇架不住华二的热情,两人你一杯,我一杯地喝上了。不一会儿,李勇就醉倒了。华二偷偷地将他的钱袋拿上,乐呵呵地走了。

华二边走边想,李勇丢了这么多钱,如果桂兰都不会再打骂他,就证明这件事情就办妥了。到时通知老仙来验收,他就可以返回天庭了。

第二天,华二哼着小曲来到了村子,准备去李勇家还钱袋,顺便再叮嘱两句,就功德圆满了。可刚到村口,华二就看见李勇家门口围着许多人,正指手画脚的在议论着什么,华二上前一打听,惊出了一身冷汗——李勇自杀了!

昨天李勇不知道在哪儿贪杯,喝醉了酒,把卖猪肉的钱连本带利都让人偷走了。那李勇霜打茄子般地回到家中,准备挨一顿臭打。桂兰听说了之后，举手就要打，可却突然停住了手，反而冲李勇笑了笑，然后还宽慰了几句。

华二一听，对啊，要的就是这效果啊，也没哪里不对啊。

对方说："嗨，你知道什么呀！事情坏就坏在这里了。那李勇回家是准备好挨打的。桂兰这样反常的表现，让李勇更是丈二和尚摸不着头脑，他不知道桂兰又想什么狠招对付他。就越想越怕，然后头脑一热，跳河自杀了！"

华二分开众人，探头一看。果然，李勇的尸体直挺挺地睡在堂屋里，几个老者正在帮他穿"老衣"。李勇的两只手紧紧攥在一起，任你怎么也掰不开。旁边的桂兰就那么直呆呆地坐着，看着，连一滴眼泪都没有。几个老者忙完，桂兰也只淡淡地说了一句："谢谢各位老爹，没事就请回吧。"说罢，也不管众人的指指戳戳，就"轰"地一声，关上了大门。

华二心里暗叫一声糟糕。这本来是想做一桩好事的，不承想却害了一条性命，可如何是好？若是在平时，施展仙术，救活一个人倒是没有问题，可他现在是被贬下界的，法力全被没收了。就连桂兰掉入河中，也只是他暗中使手脚，抽空了石块下的垫石，才上演了一场"神仙救人"的假戏。

华二急得抓耳挠腮，正在这时，来验收的老仙飘然而至，笑着问华二："听说你又做了一件好事，可以验收了吗？"华二懊恼地说出了实情，恳求老仙帮一把，先把人救过来再说，那前八十件好事都不算也成，他甚至可以不做回神仙都成，毕竟人命关天。

老仙连连摆手："你又不是不知道，天庭自有仙规，我可不能坏了规矩。"华二傻了眼。老仙临走时突然又说道："我听阎王说过，一个人死了，如果人们真心为他流下的泪水有足足七斤的话，就可以让他还魂重生。"说完，飘然而去。

华二一听，事不宜迟，独自返回了李勇家，敲开了大门。桂兰一见华二，纳头就拜："神仙，救命，我听从你的指示，可是李勇却寻了短见。现在可如何是好?”

现在华二对桂兰也心有不快,就没好气地问道:“可我为什么却看不见你的眼泪?”桂兰咬了咬牙说道:“我肚子里已有了李勇的骨肉,我不能哭,一哭就会动了胎气。”华二“哼”了一声说道:“如果你能真心滴下眼泪,我就能救活你家李勇,而且还能保住你们的孩子。”

桂兰听罢,死死地盯着华二:“你是神仙,我就信你一次。”说罢,桂兰转回头,看着李勇的尸体,眼圈渐渐发红,泪水开始滴落下来。

桂兰的泪愈来愈多,愈来愈汹涌,再也止不住悲声,直哭得华二都已动容。就这样,桂兰一直哭了整整一夜。最后,竟然昏死在李勇的尸身边。华二给桂兰把了把脉,脉象微弱,气若游丝。无论如何呼喊,都无法醒转。华二心头一惊,难不成又要搭上她们母子两条性命?

华二没想到桂兰对李勇竟然有这么深的感情,看样子,人们是真的错怪桂兰了,夫妻的感情又怎么能从表面上分辨出来。看着眼前的烂摊子,华二也悲从中来,看来这将是最失败的一次“好事”。想起李勇的慷慨和善良,华二的泪也不由得渐渐溢出了眼眶。

华二也不知流了多久的泪,突然耳边响起老仙的声音:“够了,加上你的,终于有七斤了。”华二一震,只见李勇悠悠地醒转过来,睁开眼就举起了手说道:“老婆,我终于在河里找回我送给你的那支定情银钗了。”

华二这才明白,李勇并不是真的自杀,而是去河里打捞银钗了。

李勇看到昏死过去的桂兰,也放声大哭:“老婆,你可千万不能死啊。你要是死了,以后谁还会用棍子打我啊! 那我还活着什么劲呐! 我不是打不过你,我是喜欢你才心甘情愿让你打我啊!”或许是桂兰听见了李勇的呼唤,此时竟已悠悠地醒了过来。

华二心中一喜,正想上前说话。却被老仙轻轻一拉:“合格了。走吧!”

华二重新又做回了神仙。刚办完回归手续,他又要往人间赶,他还要去施展仙术帮桂兰保住腹中的孩子,这事才算彻底了结。走的时候,华二妻子又上前来关切地问道:“你这是要去哪儿?”华二不耐烦地一挥手,却突然想起什么似的,柔声说道:“我还有点小事要去处理一下,一会儿就回。”说罢,就匆匆而去。留下华二的妻子在那儿莫名其妙的喃喃自语:“去了一趟人间,是哪根筋搭错了,说话变得这么温柔了?”

华二被贬下仙境,正是因为打了妻子,被妻子的干娘王母知晓,才有这一罚的。华二一路上暗自思量:“也对,就连神仙夫妻也会打架,何况人间?难怪妻子每次挨打都不施展仙术对抗,原来她是那么爱我。”想到这里,华二乐得眉毛都开了花。